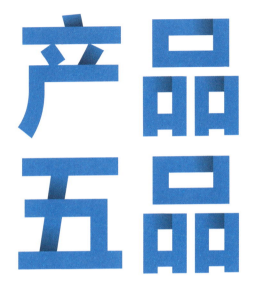

贾伟 著

中国出版集团
中译出版社

图书在版编目（CIP）数据

产品五品 / 贾伟著 . -- 北京：中译出版社，2025.1
ISBN 978-7-5001-7557-5

Ⅰ . ①产… Ⅱ . ①贾… Ⅲ . ①企业管理—产品管理 Ⅳ . ① F273.2

中国国家版本馆 CIP 数据核字（2023）第 189329 号

产品五品
CHANPIN WUPIN

著　　者：贾　伟
策划编辑：龙彬彬
责任编辑：龙彬彬
营销编辑：钟筏童
出版发行：中译出版社
地　　址：北京市西城区新街口外大街 28 号 102 号楼 4 层
电　　话：（010）68002494（编辑部）
邮　　编：100088
电子邮箱：book@ctph.com.cn
网　　址：http://www.ctph.com.cn

印　　刷：北京盛通印刷股份有限公司
经　　销：新华书店
规　　格：710 mm×1000 mm　1/16
印　　张：15
字　　数：168 千字
版　　次：2025 年 1 月第 1 版
印　　次：2025 年 1 月第 1 次印刷

ISBN 978-7-5001-7557-5　　　　定价：79.00 元

版权所有　侵权必究
中 译 出 版 社

推荐序一

贾兄让我给他的《产品五品》作序,当时我正在海外忙 7sgood 的快闪活动及市场调研,自觉没有心力和时间再去给别人的书作序,答应之后多少有点不务正业的自责。

贾兄和我相识于我做钉钉的时候,当时我们一同醉心于打造为中小企业服务的智能设计服务产品。大家性情相投,且都热爱产品,几年时间里一起吃路边摊的馄饨,一起徒步看星星看长城遗址,合作伙伴之路踏出了创业朋友的情谊。

为了这份情谊,我抓紧时间阅读完《产品五品》的初稿,为热爱产品的读者们写写我的读后感。

2021 年夏季,我和贾伟爬美女山的时候,我给他分享我对全链路数字化的理解,他第一次和我分享了他的"作品—制品—商品—用品"的观点,我当时对工业设计出身的他对互联网产品的这个理解有些惊讶,但还是佩服他能以他的经验和理解整理出一套自己的观点理论(也就是常说的正儿八经地"胡说八道")。几年过去了，他继续整理他的观点，增加了"废品"这个环节，通过各种产品案例丰富了理论实践。整本书读下来，我感觉这对于产品的初学者是一本很好的启蒙书，产品设计的一些规则和流程都得到了深入浅出的解析。

结合我在互联网产品中的实践，对于"作品—制品—商品—用品—废品"给出一点我的看法。互联网产品在 0 到 1 的阶段，讲究唯快不破——小步快跑快速试错。所以产品在创意和 POC（概念验证）阶段，就已经贴近目标用户，进行用户价值、用户体验的验证。作品和用品对于优秀的互联网产品而言几乎是一个同义词，在阶段上也是高度重合的。互联网产品的初学者可以在对本书概念理解的基础上，在产品初期就以用户视角去验证产品价值。产品和商品对于互联网产品，在 POC 之后，也是趋于重合的，因为互联网产品的商业利润往往来自规模效应，是否能大规模民用，是否能低成本地扩展以满足规模化需求，正是产品化阶段要考虑和验证的。但是否能商业化成功，这就涉及产品发布之后的运营和市场变化了。天时地利就成为产品是否能成功的随机因素，也就是我们常说的"谋事在人，成事在天"。

保持不断地感知—判断—行动，是我们产品人把产品当成一个生命体，不断思考和行动、不断打磨优化的内在循环。但是作为师者，授业解惑，就需要不断记录和总结，以通俗易懂的语言讲明复杂艰涩的道理，贾兄在这方面是我的榜样。希望大家在阅读这本书的同时，不断地在实践中提升自己的能力，融会贯通地掌握做好产品的思考力和行动力。

无招

钉钉创始人、HHO 两氢一氧数字科技有限公司创始人

推荐序二

在这样一个产品大爆炸时代,几乎每隔一段时间,就会出现一款爆品。随之而来的各种各样的爆品方法论也是层出不穷,不断激励着创业者、产品创造者,为他们提供越来越丰富的入局指南。

虽然在各种爆品方法论的指引下,产品的形态越来越丰富,品类也越来越多元,可是作为产品的打造者,你真的了解你的产品吗?你知道自己的产品的生命周期和产品类型吗?你能依据对自己的产品的类型的判断,提升产品的生命力,打造爆品的潜能,从而在市场上获得更大的竞争力吗?

这些问题可能对很多人来说,都是困惑的、无解的。

而作为有着多年产品打造经验的设计师,贾伟创新性地提出了"产品五品"这一爆品打造方法论。他从产品的生命周期出发,详细阐述了作品、制品、商品、用品、废品这五个维度的特性以及内在逻辑。此外,他还提出了产品"价值量"和

产品五品

"价值链"的概念。其中,价值量具体体现为产品化、商业化、用户化,从成本、货币和用户这三个角度来判断产品的价值;价值链则是指一个产品投入交换市场之后产生的一连串关联反应,包括转化率、复购率、口碑率。同时,贾伟还引用了很多我们耳熟能详的经典爆款案例,例如元气森林、观夏、百果园、淄博烧烤等,全方位解读了它们作为爆款产品的打造策略,还针对不同端口的企业和产品,给出了相应的发展思路。

在《产品五品》这本书的最后一章,贾伟还给到了一个产品价值类型自测,依据产品在作品、制品、商品、用品、废品这五品的不同侧重点,总结出了饱满型、缺陷型、复购型、传播型、口碑型和转化型这六种不同类型的产品,详细分析了它们的优势和劣势,并给出了建议和策略。

这本书虽然整体上具有一定的连续性,但是各个章节又具有相对的独立性。如果你只是想了解和自己的产品相符的维度,完全可以翻到相对应的章节。即便是不按照顺序阅读,也丝毫不会影响自己的阅读体验。

所以从某种程度上来说,《产品五品》也可以被看作一本创业者、产品人的枕边工具书,开卷有益。它不仅能够让你重新认识自己的产品,还提供了具体的、实践性强的方法论。不论你是想从 0 到 1 打造一款新产品,还是想在自己已有产品的基础上完善升级,又或者你有足够的野心想要创造出一款史无前例的爆品,都可以从中找到新的思路。

江南春

分众传媒创始人

前言 | 爆款产品的生命价值

2023年6月19日对我来说是很特别的日子,因为这一天洛可可凭慢阶音乐家套装获得了红点至尊奖。我代表洛可可站上了德国红点奖的领奖台,接过了那座代表着设计界至高荣誉的奖杯。在台下全球设计师的掌声和欢呼声中,我的思绪一下子回到了16年前。

16年前的我还是一个初出茅庐的设计师。在一个很平常的下午,我收到了一封来自德国红点奖评委会的邮件,我设计的一款指甲刀获得了红点奖,通知我去德国领奖。那是我第一次获得国际大奖,也是第一次出国,为此我还买了一套很贵的西装,幻想着自己站在领奖台上,好不风光。

可是这种兴奋的感觉在我从一个类似购票窗口的地方排队领到奖杯的那一刻瞬间冷却。当时的我既生气又懊恼,心想自

产品五品

己跑了那么远,结果却连个颁奖仪式都没有,那么贵的西装也白买了。

直到晚上的颁奖典礼,我才知道,原来只有得到"红点至尊奖"的人才有资格站上领奖台。我清楚地记得那天晚上,当红点主席在台上宣布"红点至尊奖"的获得者的时候,一个高个子的荷兰设计师突然站了起来。他穿了一双齐膝的粉靴子,跑上台去领奖,舞台的灯光打在他身上,耀眼极了。那一刻我暗暗发誓,总有一天我也要穿一双高调的靴子,站上那个领奖台,拿一个"红点至尊奖"回来。

虽然那次领奖的过程不是很开心,但是对于获奖这件事我还是很兴奋的。回国的飞机上,我回想着自己创造这个产品的过程。我把它当成自己的孩子,抱着创作作品的心态,调研了100多把指甲刀,修改了几十次设计方案,不断调整细节,创

贾伟领取"红点至尊奖"奖杯

新形式。为了去除指甲刀带给人们的冰冷的印象，我选择在不锈钢的基础上给它穿了一层薄薄的皮质外套，让它变得更温和、更绚丽、更时尚。或许正是这份初心，让我获得了来自国际奖项的认可，同时也获得了创业的第一桶金，更让我第一次意识到一件作品带来的价值。

当然，它之所以能获奖，除了作品的设计价值以外，也有制造端的功劳。独特的材料、精湛的工艺、完善的供应链……这些都赋予了它独一无二的产品价值，使它成为当年行业内销量第一的产品。

回国后，我迫不及待地跑到客户办公室去和她分享这份喜悦，告诉她："我获奖了，中国第一个红点大奖！"客户听完后和我一样激动，起身拿起电话打给公司的营销总监，说："贾伟为公司设计的指甲刀获得了中国第一个红点大奖，从今天起，女款指甲刀从40元涨到80元，男款指甲刀从80元涨到120元。把贾伟的照片放在所有指甲刀的柜台旁边，说这是我们的设计总监。"那一刻，我发现最大的受益者其实是我的客户，奖项是商业的背书，任何产品最终都要回归到商业化本质，只有商业价值才能延续产品的生命力。

很多年后，有一次我坐高铁出差，坐在我旁边座位上的女生从包里掏出了一把指甲刀。我仔细一看，正是那款我获得红点奖的指甲刀。指甲刀明显有用旧的痕迹，我问她用了多久，她说用了10年。这款指甲刀是她妈妈送她的生日礼物，如今已经变成了她形影不离的朋友，她每天随身携带着。

那位女生说的话令我深受触动，原来一件真正有价值的产

产品五品

品,是能经得起用户和时间的考验的。因为它给用户带来了很好的使用体验,让用户的生活变得更美好,所以用户就会更加珍惜它、爱护它,从而延长了它的生命周期,不会让它很快变成废品。当一款产品对人的影响并非昙花一现,而是深刻的、持久的,那它的社会价值也就产生了。

16年,恍若一梦。我终于兑现了当初的誓言,拿到了"红点至尊奖"。像16年前期待的那样,我穿着白色的西装、红色的长靴登上了领奖台,找回了等待了16年的仪式感。

而当我回望这一路走来经历的种种时,我首先想到的是那款到今天依然畅销的指甲刀,是它一次次提醒着我一个爆款产品最应该具备的价值——作品价值、制品价值、商业价值、用

贾伟在红点奖领奖台上

品价值和社会价值。正是遵循着这个价值观,我征服了一座又一座高山,打造了一个又一个被客户信任、被用户称赞的产品。

所以我一直希望有机会能把我的这个价值观梳理成一本关于爆品打造的书籍,和众多创业者、产品人分享。因为我的《元宇宙力》和《世界是设计出来的》两本书与中国出版集团中译出版社合作,经常与乔卫兵社长沟通交流,所以我和乔社长聊了我的想法,两人一拍即合,计划继《产品三观》之后,我们来共同打造一本从产品生命周期的角度解读爆款产品的书籍。

本书的逻辑思路是承接《产品三观》中我提出来的"三观"的第二观——价值观。我想在这本书里表达产品的价值观,我希望从产品的"五品"衍生出关于产品设计的五个观点、产品打造的五个维度、产品评判的五个标准,从而传递产品设计的价值观。本书定义的产品不只是狭义的实物产品,而是包括服务型产品、平台型产品等更为广义的产品。

每一个产品的打造,每一次品类的创新都有其价值观,或是一个富有想象力的作品,或是一个符合流水线生产的制品,或是一个具有市场流通价值的商品,或是一个满足用户需求的用品,或是一个推动人类社会进步的有机废品。如何去给这个产品赋予价值,是产品人需要思考的。这里所说的产品人,不只是设计师、不只是产品经理、不只是企业家,而是每一个想要通过打造产品来创造价值的人。选择什么样的价值观来做产品,选择赋予所做产品什么样的价值观,也将决定做出来的产品的差异性。

本书适用于每一个人,因为无论你是不是要做产品设计、是不是要创业，最终我们都是一个用户，我们都是人类命运共同体的成员之一，我们都有属于自己的立场和价值观。我将给大家提供五个切入点，既是做产品的五个切入点，也是评价一个产品的五个切入点。通过产品价值观的传递，让大家能够更有逻辑和系统地去看待一款产品，洞察产品的生命价值。

同时我也想将自己和洛可可近 20 年来的产品设计逻辑与思维，形成一套专注产品打造的系列书籍，它们分别是《产品是一》《产品两心》《产品三观》《产品四力》《产品五品》《产品六法》《产品七人》。目前《产品三观》已经顺利出版，《产品五品》《产品七人》以及其他几本也将很快和读者见面，我们共同期待！

2024 年 10 月于北京

目 录

1 产品价值观

- 003　第一节　品类创新时代背景下的产品价值观
- 007　第二节　产品生命周期和品类生命周期
- 017　第三节　品类创新的三观与五品

2 作品价值观

- 040　第一节　作品价值
- 046　第二节　作品思维
- 053　第三节　作品型企业发展思路

3 制品价值观

- 065　第一节　制品价值
- 071　第二节　制品思维
- 076　第三节　制品型企业发展思路

商品价值观 4

090　第一节　商品价值
095　第二节　商品思维
113　第三节　商品型企业发展思路

用品价值观 5

126　第一节　用品价值
133　第二节　用品思维
144　第三节　用品型企业发展思路

废品价值观 6

169　第一节　废品价值
186　第二节　废品思维
191　第三节　社会型企业发展思路

7 产品价值模型

201　第一节　产品价值类型自测
211　第二节　品类创新，爆品打造

221　**后　记**

1 产品价值观

我在产品打造的系列书籍的第一本《产品三观》中说过，人有三观，产品也有三观，产品的三观是用户观、价值观、世界观。也是在《产品三观》这本书中，我重点给大家介绍了什么是产品的用户观。《产品五品》这本书是本系列的第二本，我会重点给大家介绍产品的价值观。

我认为，产品的价值观并不是一成不变的，而是可以随着时代的发展被重新定义。

中国的产品从中国制造到中国品牌，再到如今的中国品类，经历了几十年的发展，其价值观也发生了相应的变化。

在传统观念中，产品的价值观可能更多地关注产品的功能、性能和耐用性。然而，随着社会的进步和科技的发展，人们对产品的期望也在不断提高。如今，产品的价值观已经扩展到了环保、可持续性、用户体验、个性化等多个方面。例如，在环保方面，消费者越来越关注产品的环保性能，如材料来源、生产过程和包装方式等。他们希望产品能够减少对环境的影响，符合可持续发展的要求。在用户体验方面，消费者对产品的便捷性、易用性和人性化设计提出了更高的要求。他们希望产品能够与他们的生活方式和需求相匹配，提供舒适、便捷的使用体验。在个性化方面，消费者越来越注重产品的独特性和个性化定制。他们希望产品能够体现自己的个性和品位，满足个性化的需求。

所以，本章我首先从当前品类创新的时代背景出发，阐述产品的价值观。

第一节
品类创新时代背景下的产品价值观

不同时代造就了不同产业的创新机遇。以我们生活中最日常的穿衣为例，在农业时代，生产力不发达，以手工纺织为主；到了工业时代，随着机器的发明和使用，生产力得到解放，出现了机器纺织，并能够被批量复制；进入互联网时代，受品牌的驱动，款式大爆发，各种快时尚品牌、个性潮品层出不穷；而智能时代，用户需要的不仅是新的款式，而且是新的品类，例如生物技术、柔性穿戴等。

2001—2010 年，是中国制造走向中国产品的十年，亦是中国产品创新的黄金十年。2011—2020 年，是中国产品走向中国品牌的十年，中国崛起了华为、小米等一批代表中国的世界顶级的品牌，同时也出现了大量新锐品牌。这些品牌崛起的背后是中国领先的移动互联网的技术优势以及营销技术的支撑，它们快速成为细分品类的冠军。2021—2030 年，将是中国产品创新经历大变革的重要十年。

产品五品

产品的定义在不断演进和延伸，产品的形态也正在从物理产品变成智能产品，从智能产品变成服务型产品。产品范式的变革意味着未来的产品形态越来越多元化。目前，在"产品红利"时代，绝大多数中国企业在寻找新增长极，但缺乏品类突围和产品创新思路。而在"产品红利"时代结束后，又将面临新一轮的产品爆发期。

在未来数十年里，更多、更伟大的新技术将在各领域诞生，例如人工智能、自动驾驶、新互联网、基因技术……另一方面，人类的消费观念也迎来了百年一遇的大迭代，更多的人开始摒弃使用了百年的燃油车，选择电动汽车；开始放弃热爱的蔗糖，选择了零糖、零热量的食品……超级技术的崛起和消费观念的迭代将催生更多的品类创新机会。未来，将涌现出无数的新品类来颠覆传统的老品类。

那些率先掌握品类创新方法、成功实现品类创新的品牌，将成为新一代的品类之王和新商业世界中的耀眼明星。

19年前，洛可可刚成立的时候，绝大多数公司找到我们，都是说"国外有这款产品，中国没有，洛可可帮我们换个外形，在中国市场产生新价值"。在"产品红利"期，通过这种"换汤不换药"的方式，确实能帮助很多企业创造价值。因为媒体资源高度集中，通过差异化的传播概念和大量资源的投入，就算生产同质化的产品，也能够帮助品牌崛起。

但是近几年，这种方式已经不管用了，消费者需要的是新品类，而不是新款式。

目前，能大获成功、称得上爆品的，几乎都是品类创新的产品。

比如 55 度杯，原来市场上只有喝水杯和保温杯，55 度杯开创了降温杯的新品类，2014—2016 年销售额达 50 亿元；再比如小仙炖，小仙炖开创了鲜炖燕窝这一新品类，让传统的燕窝产品以"鲜炖燕窝"的全新形态呈现在消费者面前，符合现代消费需求，为消费者带来了品质新生活。

一个有创意的点子、一种全新的加工方式，都有可能创造出一个爆品。那打造一个爆品的终极方法到底是什么？答案是：开创并主导一个品类。

如果说款式创新是在家门口放了一个小鞭炮，那品类创新则像放了个原子弹，是有核聚变效应的。开创一个新品类，就有可能开辟一个百亿市场。

当前，我们正处于人类有史以来最大的科技革命之中，互联网、人工智能、商业智能、无人驾驶、元宇宙等超级技术的诞生速度远胜以往任何一个时期。从商业的角度看，互联网、移动互联网、电动汽车、无人驾驶等都属于全新的品类。在互联网时期，分化出了无数基于互联网的新品类，在移动互联网时期，机会同样如此。超级技术的发展为我们带来了最好的开创新品类、打造新品牌的机会。

想要成功打造一个新产品、开创一个新品类，我们首先要清楚不同时代背景下，产品的价值观也是不一样的。

从中国制造到中国产品到中国品牌再到品类创新，产品从功能到智能、从实体到虚拟、从物质满足到精神满足……与此同时，产品价值观也从过去的单一、狭隘，变得更加多元和丰富。一个爆款产品通常是由不同的价值观叠加而成的。

产品五品

基于这种转变，我总结出一套产品价值观，那就是"产品五品"，它的核心包括作品、制品、商品、用品、废品五个价值维度，这五个价值维度同时也是产品的生命周期，我将在接下来的章节中详细讲述。

第二节
产品生命周期和品类生命周期

生命周期（Life Cycle）的概念在政治、经济、环境、技术、社会等领域经常使用。其在经济学领域的研究，起源于 20 世纪 60 年代的能源危机，侧重在包装废物问题上，以解决资源均衡与生态环境等问题。而精准到"产品"的相关研究，产品生命周期理论则是由美国经济学家雷蒙德·弗农 1966 年在他的《产品生命周期中的国际投资与国际贸易》中提出。他将产品生命周期分为创新期、成长期、成熟期、标准化期、衰亡期五个阶段，涵盖产品从自然中来，又回到自然中去的全过程，包括原材料采集、加工生产、贮存运输、报废处置等，这个过程构成了一个完整的产品生命周期。

产品生命周期

产品生命周期理论研究通常有两个范式：一是站在市场发展的角度来看待产品或者行业的生命周期；二是站在用户需求的视角来看待

产品五品

产品伴随"用户"的演变而形成的生命周期。我站在工业设计师及用户需求的视角,重新审视了一个产品从被设计出来,到投入生产,投入市场,被用户购买使用,再到报废的过程。我认为,一款产品要经历作品、制品、商品、用品、废品五个阶段,这就是产品的五品。

产品生命周期

作品

作品是通过作者的创作活动而产生的智力成果,表现形式有文学、艺术、科学作品,最大的内核是独具创新性。"独"需要作者独立完成作品,"创新性"需要作者创造性地体现智力水平、个性、感情、观点、思想。所以可以看出,作品的创作是一个呕心沥血的过程。

从产品的作品观来看,设计师、产品人、创造者,无论是大师还是刚入行的从业小白,他们最初设计出来的东西都是他们由初心而发的呈现,都有一个共同的名字,叫作品。而作品就是产品生命周期的第一步,也是一个产品得以在这个世界上出现的前提条件。

制品

制品是指被大家所消费、所使用,能满足某种特定需求的任何东西，可以是有形的实物产品，也可以是无形的服务产品。自 20 世纪 90 年代以来，营销领域的学者倾向于用五个层次来表达制品的整体概念，即核心产品、形式产品、期望产品、延伸产品、潜在产品，但是以上制品的五个层次均是建立在市场供应物的基础之上，也就是说制品需要考虑生产加工的因素。好不好生产是作为制品最需要关注的问题。尤其在工业时代，作品被创作出来之后，如果没有经过产业化生产，依然是作品。只有考虑生产问题之后，真正投入工厂生产加工，才能变成制品。

作品被投入生产线后，便进入了生命周期的第二个环节——制品。此时的制品，相较作品而言，增加了多重产业属性，例如符合生产加工流程的特征，具有一定的使用功能和品质，附加了生产成本，也需要考虑能不能带来一定的收益等。

福特汽车公司在引入生产线以前，每辆汽车的组装时间需要 700 多个小时，引入生产线后，组装时间缩短至 12.5 个小时。后来，通过不断改进生产技术，福特汽车公司达到了每 24 秒钟生产一辆汽车的惊人速度。

因为生产效率得到了极大的提升，成本也大幅度下降。随着生产规模的扩大，福特汽车的价格不断降低，让更多的消费者有能力购买福特汽车，进而推动了汽车的普及。

商品

恩格斯对商品进行了科学的总结，他认为："商品，首先是私人产品。但是，只有这些私人产品不是为自己消费，而是为他人的消费，即为社会的消费而生产时，它们才成为商品；它们通过交换进入社会的消费。"由此可以看到，产品在交换的时空场景和过程中，经过买卖交换进入使用环节后，成为商品。交换场景是商品出现的决定性因素，如果没有交换场景（即市场），它就只能被称为"制品"。

在经济学意义上，商品是用来交易的制品。当制品流入市场后，就成为商品，要遵循市场定律和商业规则。你做出来的产品，如果不具备交易价值，或者它的交易成本特别高，或者消费者对它的购买决策信息过于复杂，那么这个产品就很难成为一款满足市场需求的商品。

用品

用品是供人使用的物品。用品在这里，与前面所说的作品、制品、商品相比增加了一个非常重要的因素——"使用人"，我们称之为"用户"。用户是某种技术、产品、服务的使用者。用户对产品的使用决定了用品的价值，用户的使用感受决定了用品的好与坏。

因此，以用户需求为出发点，去设计、研发和制作产品，才能生产出真正适应市场的产品。如果设计者不了解用户的需求和产品的使用频率、使用满意度，设计、制作出来的商品有可能无人购买，产品只停留在商品阶段。即便有人购买，但用户使用后发现使用效果并不理想，也不会再次购买，产品无法打开市场，也就无法生存。

所以在产品的生命周期中，最重要的不是制品，也不是商品，而是用品。要从用品逻辑出发。我在《产品三观》这本书中讲过用户五法，即用户视角、用户场景、用户众创、用户服务、用户体验，要充分了解用户，知道用户是谁、用户在哪、用户喜欢什么、用户的痛点是什么、用户价值是什么……

废品

产品的最后一个环节，是要做好回收工作，也就是产品的第五品——废品。从整个产品生命周期来看，废品也是一款产品从用户视角来思考的最后一个价值。当一个产品完全退出商业市场，意味着这个产品商业生命的结束，这个时候就进入了产品的废品环节。这一环节的核心是要让这个世界变得更美好，其中有两个需要思考的方向。第一，思考这款产品是长生命周期好，还是短生命周期好，是限制性生命周期更好，还是一代一代传下去更好，需要权衡其中的利弊。第二，思考这款产品是否能推动人类发展。好的产品不应该只是解决了人类的某一个具体问题这么简单，而是需要考虑能为人类文明的长远发展起到什么作用。

值得欣慰的是，随着人们认知水平的不断提高和社会的不断进步，越来越多的创业者开始关注到废品的价值。

从作品，到制品，到商品，再到用品，最后到废品，我认为这才是一个产品完整的生命周期，如果只单纯从商品逻辑出发，缺少对用户的尊重和对作品的情感倾注，也不关注产品最终会给世界带来什么样的影响，那即使有再好的设计理念也做不出真正的好产品。

品类生命周期

品类的生命周期则是指一个品类从出现到消亡的过程。品类的生命周期通常包括引入期、成长期、成熟期和衰退期四个阶段。企业可以通过了解品类的生命周期及各个阶段的特点，制定灵活的经营策略来应对市场变化，进而从容面对各阶段的挑战。

产品五品

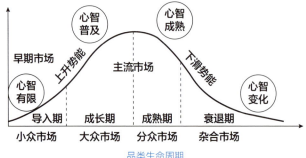

品类生命周期

导入期

这个阶段是品类刚进入市场的时期,消费者对其了解甚少,销量有限,营销成本较高,利润较低,甚至为负。需要投入大量的时间和资源来推广产品,吸引消费者的关注和兴趣。这个时期,充满了挑战和机遇,企业需要抓住"先入为主"的红利,走好新品类打开市场的第一步。

例如,超声波电动牙刷刚刚进驻市场时,由于当时的技术研发和生产成本较高,市场接受度又很低。很多企业在市场调研、消费者需求分析、营销推广等方面做得不到位,未能占领消费者心智,所生产的产品无法抢占市场,在品类的引入期,企业就衰落了。

成长期

当品类被更多消费者认可时,进入成长期。这个阶段的销售量快速增长,市场份额扩大,利润逐渐增加,吸引更多的企业不断涌入。

同样是上面提到的超声波电动牙刷，在成长期，已经得到越来越多消费者的认可。美容加（usmile）敏锐地捕捉到电动牙刷的广阔市场前景，及时进驻该市场。通过智能记忆、定时提醒、缓震技术等创新技术，usmile 为用户带来更加舒适和高效的刷牙体验。短短几年里，usmile 就成为口腔护理领域的佼佼者。

在品类成长期，由于企业的不断涌入，市场竞争加剧。在加强品牌建设和市场推广的同时，需要不断改进产品和服务，来满足消费者多元化的需求和期望。

例如，受到政策推动和市场需求的影响，新能源汽车行业迅速发展。很多传统知名汽车企业转型进入此领域或加大了在该领域的投入。除了传统的汽车企业，像华为、小米这些科技巨头也跨界进入了新能源汽车领域。

面对激烈的市场竞争，企业需要在自动驾驶技术、电池技术、动力性能等多方面不断创新和提升，为消费者带来更加丰富的选择和更好的体验，才能进一步推动市场的不断扩大。

成熟期

当产品所处品类市场已趋于饱和时，进入成熟期。这个阶段的销售增长放缓，竞争最为激烈，或已出现强有力的替代产品，利润随之下降，市场份额稳定，市场饱和度高。在这个阶段，需要加强成本控制和营销策略的调整，通过多元化的产品和服务满足消费者差异化的需求来赚取利润。

产品五品

智能手机在经历了快速发展后，已逐渐进入了一个相对成熟和稳定的阶段。消费者对手机的需求趋于理性，更加注重性价比和使用体验，而不再仅仅关注品牌和功能。国产智能手机巨头华为，通过自主研发的鸿蒙OS系统，实现设备间的无缝协同；采用先进的摄像头系统和算法，提升了拍摄清晰度、动态效果；设计更轻薄便携的机身，兼具美观和实用性能。这些技术创新让华为在2023年全球手机市场持续下滑的形势下，市场份额提升了30%。

衰退期

当消费者兴趣转移或竞品逐步占领市场时，进入衰退期。这个阶段的销售量和利润下降，产品逐渐退出市场或被取代。在这个阶段，企业需要寻找新的市场机会和进行产品创新，以保持竞争力和市场份额。

以九阳豆浆机为例。在诞生之初，九阳豆浆机凭借其智能化的设计、便捷的操作和优秀的性能，迅速赢得了消费者的青睐。人们开始改变传统的豆浆消费习惯，从外出购买转向家庭自制。随着更多品牌开始进入豆浆机市场，竞争变得日益激烈。消费者对豆浆机的要求也在不断提高，除了基本的豆浆制作功能外，还希望豆浆机能够具备更多的附加功能。

在这样的背景下，九阳豆浆机的市场份额开始下滑，公司的业绩也受到了影响。为了应对市场变化，九阳公司开始寻求创新之路，推出了创新品破壁机。破壁机不仅继承了豆浆机的优点，特定的高速旋转刀片，能够将食材完全破壁，使其释放出更多的营养成分。同时，还具备加热、搅拌等多种功能，可以满足消费者更加多样化的需求。破壁机的推出，为九阳公司带来了新的发展机遇，让其重新在小家电市场上获得竞争优势。

再比如说空气净化器。2011年，因为雾霾在全国范围内大爆发，室内空气环境受到关注，用户的健康意识也越来越强，空气净化器这一新的品类开始进入市场。2013年，"雾霾"成为网络热词，空气净化器也随之进入主流市场，处于快速发展期，2014年销量达到760万台。2017年国家环境治理措施取得较为明显的成效，雾霾污染显著减少，空气净化器销售额开始出现断崖式下跌。

经过2018年行业清库存等行为，2019年上半年空气净化器降幅已明显收窄，进入衰退期。空气净化器开始寻找细分市场，例如主推杀菌、除甲醛等功能，或是针对婴幼儿、鼻炎患者等不同用户群体。

了解产品品类生命周期对于制订营销策略和定价策略、产品创新、市场拓展以及投资决策都非常重要。根据品类所处的不同阶段，采取相应的措施才能使产品的收益和市场影响最大化。

产品生命周期和品类生命周期的关系

产品的生命周期是指一个产品从准备进入市场开始到被淘汰退出市场为止的全部运动过程，通常包括作品、制品、商品、用品、废品五个阶段；品类的生命周期则是指一个品类从出现到消亡的过程，通常包括引入期、成长期、成熟期和衰退期四个阶段。

产品五品

产品的生命周期和品类的生命周期之间存在一定的关系。品类生命周期更加宏观，关注的是整个产品类别的发展趋势，而产品生命周期更侧重于单个产品在市场上的表现和发展情况。因此，品类生命周期比产品的生命周期更长。

同时，产品的生命周期与品类生命周期之间相互影响。单个产品的生命周期通常会受到所处品类生命周期阶段的影响。例如，在一个品类生命周期的成熟期阶段，新产品更难以获得市场份额，也就更难以在市场中存活。而一系列产品的生命周期表现又可以影响整个产品类别的生命周期。例如，当一个品类内的多个产品都处于衰退阶段时，可能会导致整个品类的衰退。

此外，产品的生命周期和品类的生命周期还受到市场环境、消费者需求、竞争态势等因素的影响。例如，如果市场需求发生变化，或者出现了新的竞争者，那么产品的生命周期和品类的生命周期都可能会发生变化。

因此，了解产品的生命周期和品类的生命周期对于企业制订营销策略、产品创新、市场拓展等方面都具有重要的意义。企业可以根据产品的生命周期和品类的生命周期来制订相应的营销策略和产品创新计划，以保持竞争优势和市场地位。

第三节 品类创新的三观与五品

了解产品的三观与五品,对于品类创新具有深远的意义。

产品的三观包括用户观、价值观和世界观,它们共同构成了产品的核心理念和价值取向。通过深入理解这些观念,创业者可以确保产品与用户的需求和期望紧密相连,从而打造出真正符合市场需求的产品。

五品包括作品、制品、商品、用品和废品,它们代表了产品在不同维度上的优势和价值。关注这些方面,可以为创业者提供产品开发和优化的具体指导,提升产品的整体品质和市场竞争力,进而实现产品的长期可持续发展。

了解产品的三观和五品有助于创业者更好地制订市场策略和推广计划。产品的价值观决定了其在市场中的差异化竞争优势,而用户观则强调了以用户为中心的产品设计理念。这些观念为创业者提供了明确的市场导向,帮助他们更好地定位目标用户、制定有效的推广策略,提升产品的市场占有率。

产品三观:品类创新的三大底层逻辑

王阳明曾言:"知者行之始,行者知之成。圣学只一个功夫,知行不可分作两事。"树立正确的用户观、价值观和世界观,是品类创新的基石。

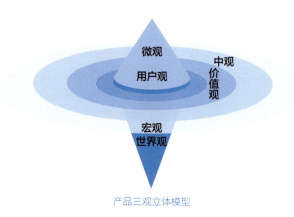

产品三观立体模型

用户观:从用户的视角发现新品类

用户观的核心本质就是要完全站在用户的角度,用底层逻辑进行思考:用户是谁?用户在哪?用户的痛点是什么?用户价值是什么?发现新品类,要有用户视角。

在产品过剩、人们的选择权得到充分释放的今天,用户已经变得更有想象力,更有自己的见解,他们不会因为你的一个广告就为你的产品买单。所以,在这个时代里品类打造应该围绕用户进行,要站在用户的立场去发现需求和建立场景。得用户者得天下。只有

1 产品价值观

真正懂用户、通过用户去创造新品类的人才能在残酷的市场竞争中脱颖而出。这就要求我们从用户视角出发，真正做到以用户为核心，去赋能用户、成就用户。

微信是一个典型的从用户视角出发，进而开创了社交软件新品类的成功案例。在微信出现之前，人们主要通过短信、电话和社交媒体网站进行沟通和社交。然而，这些方式都存在一些问题，如短信费用高、电话沟通不便、社交媒体网站功能复杂等。微信的出现，正是为了解决这些问题。

微信通过深入了解用户需求，创新性地结合了即时通信、社交网络和移动支付等功能，打造了一个全新的社交品类。它提供了免费的即时通信服务，支持文字、语音、视频等多种沟通方式，满足了用户日常沟通的需求。同时，微信还引入了朋友圈功能，让用户可以轻松地分享生活点滴，并与好友互动。此外，微信还整合了移动支付功能，用户可以通过微信支付完成各种线上和线下的支付需求。

微信的成功不仅在于其创新性的功能设计，更在于其始终坚持以用户为中心的设计理念。微信团队不断收集用户反馈，优化产品体验，确保产品始终符合用户需求。同时，微信还通过开放平台策略，吸引了众多第三方开发者加入，共同为用户提供更加丰富多样的服务。

价值观：以产品的价值定义新品类

产品价值观主要包括作品价值观、制品价值观、商品价值观、用品价值观和废品价值观，具备这五个价值观就可以重新定义品类，

产品五品

具体我会在后面讲述，此处就不再赘述了。

世界观：用社会的发展驱动新品类

产品的世界观，是通过宏观的视角，来看待新品类的发展与社会发展之间的紧密联系。创业者需要密切关注社会变革、技术进步、文化变迁等宏观因素，并将其融入新品类的设计和推广中，通过社会的发展来驱动更多新品类的创造。

社会的不断进步也为新品类提供了技术支持，让更多的不可能成为可能。同时，社会对于创新的需求也推动了创业者不断探索新的品类，满足消费者的多元化需求。

特斯拉电动汽车的成功在很大程度上归因于其独特的世界观。特斯拉创始人埃隆·马斯克坚信电动汽车是未来可持续发展的方向。他看到了传统燃油汽车对环境造成的巨大污染，并决心通过电动汽车改变这一现状。

基于这种世界观，特斯拉在品类创新中采取了一系列大胆的举措。首先，特斯拉打破了传统汽车制造商的思维定式，将电动汽车从奢侈品转变为大众消费品。它通过简化生产流程、提高生产效率、降低成本等方式，使得电动汽车的价格更加亲民，让更多人能够享受到电动汽车带来的便利和环保。其次，特斯拉在电动汽车技术上进行了创新。它推出了具有里程碑意义的 Model S 和 Model 3 等车型，这些车型具有卓越的性能、舒适的驾驶体验和智能化的驾驶辅助系统。特斯拉还通过不断研发和改进电池技术，提高了电动汽车的续航里程和充电速度，进一步提升了用户体验。最后，特斯拉还通过开放专利、与其他企业建立合作关系等方式，推动了电动汽车产业链的发展，以及与其他汽车制造商共同推动电动汽车的普及和应用。同时，特斯拉还积极推广太阳能屋顶、储能产品等配套设施，为用户提供更加完善的可持续能源解决方案，开创了新能源电动车的新品类。

如果把品类打造看成建房子的话，世界观就是地基。地基越深，上面的楼就可以盖得越高。反之，如果根基不稳，品类的生命力就不会长久。

三品合一：品类创新的底层逻辑

品类创新，能不能从用户的欲求中找到新品类的机会是一方面，能不能把这种机会转化为现实是另一方面。

品类的形成，严格来说并不是企业说了算，而是用户说了算。所以，我们从用户欲求中发现新品类机会之后，需要按照新品类的画像，设计出具体的产品，投放到市场，给用户识别的标的。如果产品得到了市场的认可，证明新品类确实存在商机，那接下来就应该围绕产品打造品牌，给用户心智一个依托。基于用户的欲求，从品类到产品再到品牌的创新过程，我们称之为"三品合一"。

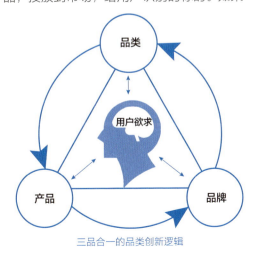

三品合一的品类创新逻辑

在快节奏的现代生活中,人们对于饮水的需求日益多样化。我们经过调研发现,很多人为了养生,喜欢喝热水。但滚烫的水放到杯子里,需要等待很长的时间才能饮用,非常不方便,于是我们洛可可的设计师就想,能不能开创一个"降温杯"品类,让人们能够迅速喝到温度合适的水。

通过科学的研究和调研,设计师发现大多数人认为55℃是最合适的饮用水温度。于是,我们就设计了一款55度杯,采用独特的快速降温技术,通过导热层、相变材料和隔热层的共同作用,实现了将开水快速降温至55摄氏度左右的效果,既避免了烫伤的风险,又保证了饮水的舒适度。为了和传统的保温杯品类进行区分,我们特意为产品设计了独特的外观,上下对称的造型,既时尚又足够个性。

55度杯的外观设计

同时,我们还引入了摇晃降温的设计,虽然不摇杯子里的水也会快速降温,但"喝前摇一摇"这个动作,不仅可以加快降温的速度,还可以为消费者带来全新的饮水体验,同时通过这个动作,加强了用户对产品的认知。

在品牌的设计上,我们给55度杯设计了一个简单而直白的LOGO(标识),与品类、产品形成了强烈的直接联想。当用户拿起杯子看到品牌LOGO,就能瞬间在脑海中联想其快速降温杯的品类，以及55度杯的产品。凭借这种独特的品类价值、卓越的产品价值以及深入人心的品牌价值，55度杯很快成了市场上的璀璨明星，实现了品类、产品、品牌的三品合一。

55度杯喝前摇一摇

再比如小仙炖的品类创新设计。燕窝作为一种传统的高档滋补品，在国内有非常广阔的市场，但过去大多数品牌销售的是干燕窝，需要烹制后才能食用，而且在烹制之前还要提前泡发并细致剔除杂质，非常麻烦。

虽然现在有些品牌已经推出了即食的燕窝，方便了很多，储存和流通也不再是问题，但罐头炖煮工艺制作出来的产品，消费者对其营养成分和滋补的功能又产生了怀疑。

在这两者之外，是否还存在一个更适合当下消费者需求的新品类呢？为了找到问题的答案，我们进行了详细的市场调研，发现燕窝产品的消费人群越来越年轻化，25—40岁的都市女性消费者占据了主导地位。而这类消费者的需求，无外乎两个方面：第一，理性价值，追求燕窝的新鲜营养，便捷随享；第二，感性价值，想要通过燕窝的滋补，让自己更加精致年轻，仙姿玉色。

产品五品

经过这次调研,我们决定从消费者的需求入手,打造"鲜炖"新品类。虽然还是采用了即食产品的设计思路,但我们利用独特的低温炖煮工艺保障了营养成分不会流失。而低温炖煮导致的保质期只有短短十五天的问题,我们也通过柔性供应链送货上门的模式进行了针对性处理,最大限度保证了产品的"鲜"。

而用户想要更"仙"的需求,也给产品命名提供了灵感,我们给它起的名字叫"小仙炖"。这个名字既体现了用户的需求,同时也可以经过谐音的简单联想,与"鲜炖"品类直接挂钩,强化产品在用户心智中的价值感。除此之外,在产品的设计上,我们不仅使用了中国传统的喜庆颜色——红色作为主色调,强调产品的轻奢属性,同时还采用了透明玻璃材质的中国传统盛具——"盏"来凸显产品的纯净优质,以及品类的价值感。

在具体的品类创新过程中,需要通过品类价值、产品价值、品牌价值的三品合一,让用户价值合一,认知、行动与体验无缝对接,价值直抵用户场景。

这一过程不仅要求企业在产品上精益求精,更需在品类定义与品牌塑造上形成独特的视觉锤与心智占位,以最短距离、最快速度抢占用户心智。

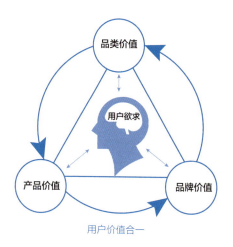

用户价值合一

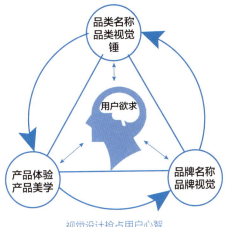

视觉设计抢占用户心智

品类价值：定义新语境，视觉锤定位

品类，是消费者选择商品的基本单位。一个清晰、独特的品类定义，能够迅速在消费者心中建立起认知框架，成为吸引目标群体的"磁石"。品类名称，作为品类的视觉锤，其重要性不言而喻。它不仅是对产品属性的简单描述，更是品类精神的凝练表达，承载着品牌的文化与价值观。

以特斯拉为例，它将电动汽车从一个被边缘化的细分市场，提升为一个引领潮流的新品类——"智能电动跑车"。这一品类名称的创新，不仅准确传达了产品的核心特性（电动、智能、跑车性能），更通过"智能"与"跑车"的结合，创造了一种全新的价值主张，即环保也能和速度与激情并存。特斯拉的视觉锤，是一辆辆流线型、科技感十足的电动车行驶在全球各大城市的画面。这一形象深刻烙印在消费者心中，成为电动汽车品类的代名词。

产品五品

产品价值：美学体验，触动心灵

产品是企业与消费者最直接的对话窗口，产品体验的好坏直接决定了用户是否愿意为品牌买单。在物质极大丰富的今天，产品功能已不再是唯一的竞争点，美学体验成了区分产品优劣的关键。产品美学，不仅仅是外观设计的赏心悦目，更是使用体验中的每一处细节处理，是对用户情感需求的深刻洞察与满足。

苹果公司是产品美学的典范。从 iPhone 到 Mac，每一件产品都透露出极简而不失精致的设计理念。操作界面的流畅、材质的考究、色彩的搭配，无不体现出对用户体验的极致追求。苹果公司的产品美学，不仅仅是给用户视觉上的享受，更是一种生活态度的传达，让用户在使用产品的过程中感受到品位的提升与情感的共鸣。

品牌价值：视觉与心智的双重占位

品牌，是品类与产品的精神象征，是用户情感与信任的寄托。一个强大的品牌，能够通过其独特的品牌名称与视觉系统，在用户心中形成鲜明的品牌形象，实现心智占位。品牌名称，作为品牌的第一声问候，需简洁易记，同时蕴含品牌的核心价值或愿景；而品牌视觉，则是品牌个性的直观展现，通过色彩、图形等元素，构建品牌的视觉识别系统。

耐克（Nike）的品牌建设就是一个经典案例。"Just Do It"的品牌口号，简洁有力，激励了无数人超越自我，追求梦想，这一品牌名称成了鼓励与决心的代名词。而耐克的"钩子"标志，简单却极具辨识度，无论是在运动装备上还是广告宣传画面中，都能瞬间抓住人们的眼球，成为品牌视觉锤的典范。耐克通过品牌名称与视觉的完美结合，成功在用户心中树立了积极向上、勇于挑战的品牌形象。

三品合一虽然分成三个维度，但品类价值、产品价值、品牌价值最终都会在用户价值层面形成合一，让消费者在认知、行动与体验三个层面都能感受到品牌的一致性与独特魅力。

但这也意味着，企业不仅要提供高质量的产品与服务，更要通过一致的品类定位、卓越的产品体验与鲜明的品牌形象，构建一个全方位、多触点的用户体验生态系统。

产品五品：品类创新的五个价值驱动力

产品从登上"舞台"到退出市场，都会经历作品、制品、商品、用品、废品这五个阶段，而每个阶段都代表着品类创新的一种价值驱动力。

产品五品和五个价值驱动力

作品决定品类的创新力

一个新的品类首先是一个独创的作品，能够与现有产品区分开来，让用户觉得它是"新的"而非"改进的"。

产品五品

我一直认为，作品是创业者的第一桶金。创业者开公司，最底层的逻辑还是要有自己的作品。这个作品就是自己的产品和服务的内容。有了作品之后，再考虑资金、流程、制度等。

作品是一个人气质、风格、审美、认知的综合体现，强调的是创新性，我称之为产品打造者或者企业的"创心"体现，所谓"作品即人品"正是如此。

以我的偶像乔布斯为例，在很多用户眼里，苹果的产品是艺术品，乔布斯是一位艺术家，苹果几乎成了完美产品的代名词。当许多企业在产品上不断推陈出新，试图抢占市场时，乔布斯却像一个艺术家一样，不计成本地精心打磨着属于自己的作品。每款产品都要不断地推倒再重来，直到它接近完美。

苹果公司一年甚至几年才会出一款新品。尽管在数量上、速度上无法与其他类型的产品抗衡，但是其销量和品牌效应却一直是行业顶流，甚至让很多同类企业望尘莫及。究其原因，就是苹果在产品打造时的作品思维，赋予产品"创心"，让用户在使用产品的时候，被其创新性所传递和感染。

很多创作者把作品视作自己的生命。我觉得做产品的人应该有把每一个产品当作自己作品的精神，这样做出来的产品才会有生命。要想打造一个好的品类也一样。一个好的产品本身就应该是企业价值观的集中体现，是一个企业的审美能力的外在表现，它应该是企业生命的延伸。如果产品人把产品当作自己的作品，就会倾注心血，产品中就会有设计师的灵魂，这个产品就不会只是一个冷冰冰的东西，而是一个有温度的东西。

创业者把每一个产品当成一件精美绝伦和标新立异的作品去打磨，不是为了做给别人看，也不是为了获得名利，而是让产品与自己产生深层次连接，让自己的所思所想，用一种最佳姿态呈现出来。

举一个很简单的例子，过去中国人开拉面馆，煮面的师傅通常穿件破洞的老头衫就上阵煮面，大家也没觉得有什么不妥。但在日本，拉面师傅若这样就不行了。他们要穿上定做的衣服，上面艺术地写上"拉面"二字，还要在头上扎一条显得极帅的头巾——先将煮拉面的派头和架势准备好了，然后才能身姿矫捷、满脸虔诚地开始煮面。最重要的看点是：拉面煮好后，上面还要一丝不苟地摆放上半颗鸡蛋、一片海苔，然后再将若干枚叉烧肉精致地在面条上围出"一朵花"。这种讲究和细致与绘画创作构图一般。所以当这碗拉面端到客人面前的时候，已经不能只叫"拉面"了，而可称为一件"作品"。

如果煮一碗拉面都能像创作一件作品一样用心，那么无论你是拉面馆师傅或豆腐店老板，还是顶尖级文豪或世界级设计师，除了身份的"外壳"不同，其内在的核心气质都是一样的，因为大家都有一个共同的名字——创作者。

制品决定品类的匠心力

新品类，必须是一个可落地可量产的制品，要综合考量产品的生产能力、生产成本、技术可行性、供应链管理等各个方面，如果仅仅停留在作品层面，是无法形成真正的品类的。

例如谷歌曾经研发了一款智能眼镜 Google Glass，它采用了增强现实（AR）技术，能把重要的资讯像科幻片一样推送到你的眼前。不仅支持音乐播放、信息显示等基础性功能，而且能满足视频拍摄及路程查询等需求，号称可以改变人们的生活方式。在 Google Glass 诞生之前，AR 相关技术仅出现在军事和影视等少数行业，而在 Google Glass 发布后，人们开始第一次对 AR 技术有了基础性的认知。

产品推出之后，受到了科技迷的追捧。但是由于它采用了许多先进的技术和设计元素，导致生产成本高昂，销售遇冷。9500 多元的售价，外加接近千元的国际运费，让很多消费者望而却步，导致这款曾经想要改变世界面貌的智能设备新品类因为无法落地而在消费领域彻底失败了。

在产品的制作过程中，对细节的把控、对材料的精选、对工艺的锤炼都体现出制作者的工匠精神。而这种工匠精神为制品在众多商品中脱颖而出，提供了强有力的支撑和保障。

值得注意的是，再精美的产品，再新颖的设计，当产品的价值和价格不匹配时，产品都无法在激烈的市场竞争中存活。

商品决定品类的竞争力

新品类，必须是一个市场认可的商品。商品作为品类中的具体产品，其质量、性能、设计、价格等因素直接影响着品类的整体竞争力。高质量的商品能够赢得消费者的信任和忠诚，提升品类的整体形象和口碑；具有卓越性能和独特设计的商品能够满足消费者的多元化需求，提升品类在市场上的吸引力；合理的商品定价，能够吸引更多消费者，使商品在市场上更具竞争优势。

而商品价值，往往是衡量产品的商业成熟度的重要指标。

以中国高端鲜奶市场占有率第一的悦鲜活为例。"多喝牛奶身体好"已经成为消费共识，但是随着国民经济发展和居民生活水平的提高，"喝奶"已不再是个难题，消费者开始更多将关注点放在了"喝好奶"上。

为了进一步满足消费需求，市场上的高端牛奶产品不断丰富。以前高蛋白、有机奶源就可以称为高端奶，然而现在，高端牛奶从奶源、技术到营养都做出了新的突破，像娟姗牛奶、A2牛奶、零乳糖低脂牛奶等高端品类越来越多。从其发展历程不难发现，面对不断变化的消费需求，高端牛奶也持续在技术、产品等方面做出新的突破。

悦鲜活产品案例图

产品五品

2019年，君乐宝推出悦鲜活品牌，利用全球领先的膜过滤、0.09秒超瞬时杀菌和无菌灌装技术保留牛奶中更多活性营养物质，并保留牛奶原有的鲜甜口味，成为深受消费者喜爱的高端牛奶品牌。

所以，一个处在品类成熟期的商品，需要通过不断创新，在质量、性能和服务等方面不断提升，实现产品的差异化，才能在众多竞争对手中脱颖而出。

用品决定品类的体验力

新品类，必须是一个易用的、好用的产品，要能满足用户的广泛需求，在功能、性能、外观、价格等方面具备广泛的适用性，能够满足不同消费者的不同需求。

随着移动终端的普及，数字化时代来临。在万物互联的基础上，诞生了基于用户关系所构建的人人相连的网络，也就是人联网。人们之间因信任产生的连接不会仅仅止步于社交关系，商品交易和价值交换也可以通过人联网来实现。移动互联网赋予用户自由选择、自由发声的能力，消费者主权崛起让权力的天平开始向用户一端倾斜，商业重新回归到"以人为本"，用户为王的时代到了。用户已经觉醒，变得更聪明、更专业、更懂自己的需求，这是一个不可忽视的现象。今天用户并不关心产品本身到底有多棒，而是关心使用产品后的自己有多棒，他们对于产品的外化需求和内在感受都已经非常个性化了。从这个层面看，用户的想象力甚至超越所有的创造者。这里所说的想象力，包括消费者更专业、更加理解自己、更加清楚地知道自己想要的是什么。

以洛可可为 ARKMA.CO 打造的 A&R 高速吹风机为例，在使用吹风机时，你可能会遇到这样的烦恼，例如时间久、噪声大、胳膊酸、头发吹完毛躁、使用后不便收纳，等等。

在前期调研时，设计团队发现市面上大多数的吹风机呈"T"字形结构，使用后不便收纳，更不能满足外出携带的需求。因此设计团队采用了充满未来感的"l"字造型，将整机大小压缩到 26cm 左右，仅有麦克风大小，让用户在日常使用或旅途携带时，都能拥有轻盈高效的使用体验。最终这款产品凭借出色的外观设计和高水准的产品创新获得了"2023iF 产品设计奖"。

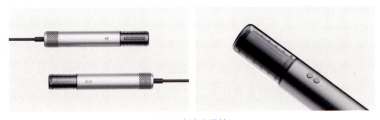

A&R 高速吹风棒

以用品的逻辑看到大多数用户的需求痛点，创造具有普适性的品类，才能在激烈的市场竞争中取得长足的发展。

废品决定品类的生命力

新品类，也一定是环境友好的废品。

如果一个品类产生的废品数量较多，对环境不友好，那么这个品类在市场上的竞争力可能会受到一定的影响。因为废品的产生不仅会增加相应的成本，还会影响品类的声誉和形象。

产品五品

但如果一个品类能够通过技术创新、材料改进等方式减少废品的产生，那么这个品类在市场上的竞争力就会得到提升，消费周期也会更加持久。同时，如果一个品类能够通过回收利用、再制造等方式对废品进行再利用，那么这个品类在市场上的竞争力也将进一步得到提升。

例如开创了中国凉茶新品类的王老吉之所以能在凉茶品类中做到遥遥领先，不仅在于其优秀的品质，还在于多年来王老吉持续走绿色发展道路，致力于引领行业朝着科学、健康、环保的方向发展。

在第54个地球日之际，王老吉推出了"吉简罐"包装，倡导众人享受极简主义生活。"吉简罐"采用可回收材质，搭配银白色外观设计，极简干净，视觉上与传统产品包装形成反差，保证识别之余又能塑造环保、可回收的新形象。据官方介绍，去除复杂印刷，生产这样一个吉简罐，油墨使用量仅为0.005g。

王老吉不但实施了外包装轻量化、包装材料轻量化的改革，而且将绿色理念贯穿至产品生产、仓储物流与品牌营销的各个环节，尽可能地减少对环境造成的不良影响。

再比如说，可口可乐的空瓶回收计划，通过回收和再利用废旧饮料瓶，实现了资源的有效利用和减少了对环境的负面影响。

可口可乐公司在重点社区和学校设立了饮料瓶智能回收机，方便市民和学生们投放废旧饮料瓶。这些回收机不仅具有智慧分类系统的功能，还能对回收的瓶子进行深层清洗、深度净化和熔融造粒等处理。

此外，可口可乐还宣布使用 100% 回收塑料制作瓶身的重大调整。这一变革不仅涉及产品包装的材质改变，更体现了可口可乐在环保方面的决心。

通过回收和再利用废旧饮料瓶，可口可乐减少了塑料垃圾的产生，降低了对环境的污染。同时，该计划也促进了循环经济的发展，提高了资源的利用效率。

废品，虽然在产品的生命周期里已无利用价值，但对其处理的方式，直接关系到品类的可持续发展和竞争力。因此，企业要加强环保意识、强化废品回收体系建设、推动技术创新和产业升级、提升废品处理的质量和效率，为品类的可持续发展注入新的活力。

2 作品价值观

作品是指产品的创作过程中，设计师、创造者所构思的初步构想和设计。作品是产品生命周期中的第一环，是产品从无到有的起点。作品是产品的灵魂，是产品生命力最重要的体现。作品的创作过程中，设计师、产品打造者需要考虑产品的功能、外观、材料、成本等多方面的因素，以确保产品生命周期在后面几个环节的可行性和实用性。

我一直认为作品价值强调的是产品打造者的初心，是一款产品是否拥有生命力、拥有什么样的生命力的最重要的体现。而作品的价值可以在以下几个方面体现。

第一，创新价值。作品价值的核心是创新价值。创新是指在原有的基础上，通过创造性的思维和方法，创造出新的产品或服务。创新是推动社会进步和发展的重要力量。在产品的创作过程中，创新是至关重要的。只有不断地创新，才能满足用户的需求，提高产品的竞争力。

第二，设计价值。作品的设计是产品的外在表现形式，是产品给人的第一印象。设计价值是指作品的设计是否符合产品的定位和用户的需求。设计价值包括产品的外观、色彩、材料、质感等方面。好的设计可以提高产品的作品气质，兼具美感和实用性，增强产品的竞争力。

第三，情感价值。作品的创作过程中，设计师、产品打造者需要像一位艺术家一样在自己的作品上投入大量的时间和精力，他们的情感和思想也随之融入产品中。情感价值是指作品所蕴含的情感和思想。好的作品可以引起用户的共鸣，增强用户的情感认同，提高用户的忠诚度。

在本章，我会为大家阐述作品环节打造产品的方式和作品价值的重要性。

第一节 作品价值

周国平在《作品的价值》中写道:"对于写作者来说,最重要的是找到仅仅属于自己的眼光。没有这个眼光,写一辈子也没有作品,世界再美丽再富饶也是别人的。有了这个眼光,就可以用它组织一个属于自己的世界……任何精神创作唯有对人生基本境况做出了新的提示,才称得上伟大。要创新,不要标新。标新是伪造你所没有的东西,创新则是去发现你已经拥有的东西。每个人都有太多的东西尚未被自己发现,创新之路无比宽广。一切伟大的作品在本质上是永远未完成的,它们的诞生仅是它们生命的开始,在今后漫长的岁月中,它们仍在世世代代读者心中和文化史上继续生长,不断被重新解释,成为人类永久的精神财富。"

随着数字化技术的快速发展,产品在艺术性、创意性、设计感等方面的作品价值越来越受到重视。比如,荷兰家具品牌 ASIADES 推出了一款以"自由"概念为主题的皮埃蒙特沙发,设计师将自由的概念融入沙发的设计中，使得沙发不仅仅是一件家具，更是一件艺术品，具有较高的作品价值。这种注重作品价值的设计能够吸引更多的目光，增加产品的美感以及设计感，通过提升用户的情绪价值来提高产品的整体价值。

由此可见，作品的核心价值在于两点：一是创新性，不是抄袭和借鉴，而是全新的创造；二是打动人心，作品是有生命力、有情感的，一个好的作品要重视人的感受和体验，和用户进行对话。

创新性

提到作品，大家首先想到的是欣赏或收藏，而不是买卖，因为每一个作品的出现，只有独一无二，才有独特性和创新性，才存在作品的价值。

独特性和创新性可以分为形式创新和内容创新。

形式创新主要是产品通过外观的迭代，创造出让人耳目一新的造型，这是设计最基本的创新需求。一个产品最先吸引人注意的就是它的外观。造型新颖、色彩别致的设计是吸引消费者不可或缺的一个因素，它带有强烈的、主动的感染力，影响着人们情绪和心理的变化，从而达到吸引消费者消费的目的。尤其是当下我们身处的这个"颜值即正义"的时代，人们对产品差异化的需求越来越强烈，好看的产品在市场营销过程中，往往握有主动权。

菲利普·斯塔克（Philippe Starck）设计的外星人榨汁机，自1990年诞生以来便成了设计界的标志性物品，其银色外衣和尖锐的线条展现出一种外太空的独特美感。极具吸引

力的外观设计,让这款榨汁机自推出以来便受到广泛关注,成为 ALESSI 公司的畅销产品。1990—2022 年,ALESSI 已经销售出了上百万台外星人榨汁机。

外星人榨汁机

不可否认,独特新颖的产品外观的确能快速吸引消费者的眼球,但从长远角度来看,能真正留住消费者、持续占领市场的产品,还需要好的品质和服务来支撑。

内容创新指的是通过功能的优化,给人们带来意料之外的服务体验。只有结合市场和用户的新需求,不断进行优化,创造出让人感到新鲜、愉悦的体验,不断创造产品价值,才能延长产品的生命周期,拓宽产品的边界,颠覆消费者的认知,建立全新的产品观,使其在历史的长河中永远拥有用户记忆,成为经典。

The Chair 是丹麦著名设计师汉斯·维纳（Hans Wegner）的代表作。这款椅子最初是为有腰疾的患者设计的，坐感十分舒适。此外，它的外观设计也别具匠心，通体无任何棱角，线条非常流畅，同时将美感和舒适度做到极致，被人们称为"世界上最完美的椅子"。

The Chair 被称为"世界上最完美的椅子"

将焦点回归作品本身，通过持续创新，不断对作品性能进行优化、迭代，让作品有独一无二且不可复制的性能，才是最终赢得市场的有利法宝。

打动人心

好的作品必然是能够打动人心、和人建立情感联结的。它可以调动人原始的感觉和情绪，给人带来美好的感受。

例如有一款水果味的饮料，设计者把饮料盒所有的装饰去掉，从色彩到质感，直接还原了水果的外观。草莓汁的盒子看上去就是一颗草莓，猕猴桃汁的盒子看上去就是一个毛

产品五品

茸茸的猕猴桃。这样的包装具有极强的沟通力，可以和用户直接对话，它能在第一时间调动用户对草莓、猕猴桃的相关记忆，直击用户的心灵。

再比如，TOMS 因"一双鞋，一份爱心"的理念而闻名。TOMS 的品牌创始人说："TOMS 的开始并不是因为鞋子，而是因为没有鞋子。"它成立的初衷就是想解决贫困人口的鞋履问题。每销售一双鞋，TOMS 就会捐赠一双鞋给有需要的孩子。

这种"One for One"的慈善模式不仅吸引了大量消费者的关注，而且激发了他们的购买欲望。通过这种模式，TOMS 迅速打开了市场，其品牌知名度和美誉度也急剧上升。

那些能成为经典世代流传的作品，一定具备让人产生强烈情感共鸣的属性。纵观各个领域里的伟大作品，凡·高的《向日葵》中赤诚而又热烈的激情、《泰坦尼克号》对灾难面前的爱与人性的赞美与剖析、苹果手机极简主义美学的运用……它们之所以能成为经典，都是因为做到了打动人心。

作品的价值是产品生命价值的根基，如果一个产品不具备作品价值，那也就失去了生命力。在今天这样一个"内卷"、同质化严重的时代，只有用对待作品的心态去对待产品，打磨出来的产品才有情感、有灵魂、有内容、有价值。

当初，在苹果的 iPod 推出 5 年后，微软推出了 Zune 播放器。其外观和 iPod 类似，但没有 iPod 轻巧。虽然曾一度被认为是"iPod 杀手",但即便经历多次产品更迭和战略调整,也难以逾越 iPod 在用户心中的地位,9% 的市场份额更是难以和 iPod 70% 的市场份额相提并论。

而究其根本,还是 Zune 一味地追求市场利润,却忽视了产品的作品价值。虽然 Zune 在外观设计和硬件素质上有可圈可点之处,但无论是产品理念还是功能体验,都没有根本性的突破。

乔布斯曾直截了当地指出了造成 Zune 缺乏灵感的设计和市场疲弱的原因:"随着年龄增长,我越发懂得'动机'的重要性。Zune 是一个败笔,因为微软公司的人并不像我们这样热爱音乐和艺术。我们赢了,是因为我们发自内心地热爱音乐。我们做 iPod 是为了自己。当你真正为自己、为好朋友或家人做一些事时,你就不会轻易放弃。但如果你不热爱这件事,那么你就不会多走一步,也不情愿在周末加班,只会安于现状。"

产品创造者犹如一个作家,产品的作品价值也就是产品创作者的初心价值。一个产品首先一定是创作者个人的作品。就以很多人的创业偶像乔布斯来说,推动他成功的,不是市场的需求,而是创作的欲望。

第二节 作品思维

一个好的作品必然是具备一定的作品思维的。那什么是"作品思维"呢?所谓"作品思维"也就是指创业者把每一个产品当成一件精美绝伦和标新立异的作品去打磨,不是为了做给别人看,也不是为了获得名利,而是让产品与自己产生深层次连接,让自己的所思所想,用一种最佳姿态呈现出来。"作品思维"可以让人产生价值感和成就感,让作品收获生命孕育最初的能量和精神,因而也能让产品的生命周期更长,让产品走得更远。

作品"三品"

一谈到作品,大多数人第一时间想到的都是文学作品、艺术作品,但其实任何经过人类劳动、具有某种实用价值的物品或事物都属于作品,包括企业设计、生产的各种产品。作为企业的作品,产品通常需要具备三种属性:品质、品位、品德。

2　作品价值观

作品三品图

品质

作品的品质是最核心的一环,是衡量作品是否有价值的决定性因素,永远不能抛开作品的品质去谈其他。

好的品质,离不开创作者的精益求精。

由詹姆斯·卡梅隆执导的电影《阿凡达》,通过创新的3D摄影技术和后期制作效果,呈现出令人叹为观止的视觉效果,成功地打造出了一个令人难以置信的奇幻世界,让观众仿佛身临其境,给观众带来前所未有的观影体验。这种引人入胜的视觉效果不仅仅是为了追求华丽的外表,更是为了加强电影故事的表达和情感共鸣,凸显了作品的品质。

细节上,卡梅隆为了精益求精,请一个语言专家花了4年时间创造了一套语言系统。电影的3000个特技镜头,卡梅隆平均每个都要看上20遍,以保证每个镜头都尽善尽美。电影中最迷人的要算潘多拉的风光,卡梅隆展示了一个近乎完美的星球,各种不同形态的植物发着光,声势浩大的瀑布奔流而下……卡梅隆在中国举行首场试映会时透露，片中部分景色的创意来源于中国黄山。为了实现梦想中的美景，卡梅隆的团队行程万里，几乎把全世界的美景都拍遍了，最后选择了黄山。

正是这些，铸就了电影《阿凡达》的好品质，使其成为电影史上的经典。

随着产品品类、数量的不断增加，消费者对产品的质量、服务等方面的期待也越来越高。他们不再满足于产品能用，而是期待产品更好用。想要赢得市场和消费者的认可，企业需要在作品阶段就在品质和细节上精益求精，追求极致。

品位

品质的更高级，就是品位。它强调的是作品对美的追求，也就是美商。比起作品的功能，作品的美学记忆和体验往往更能打造品牌的辨识度，传达品牌的文化，占领用户的心智。

让人过目不忘的作品往往是美学的胜利，这种美可以体现在设计上，也可以体现在材质上，还可以体现在结构上、包装上。

作为汽车中的新品牌，相对于那些有几十、上百年历史的汽车品牌，特斯拉的历史不到20年，但它却以破竹之势很快成为汽车品牌中的"领头羊"，登上第一汽车市值的宝座。这很大程度上要归功于其一开始定位于纯电动车，它开辟了一个新市场，并吸引了一大批拥有"科技""环保"标签的人。它打造了一种品牌文化——新潮的、酷炫的、极简的、环保的，这样的品位使其吸引了大量包括金融圈、科技圈的前沿高管，以及好莱坞热爱环保的知名演员等在内的用户。

设计师巴里·史密斯（Barry Smith）曾说过："你的天赋永远不会超越你的品位。"对于那些天生就没有品位的人来说，最大的挑战就是要去提升自己的品位。那么到底该如何提升自己的品位呢？Y-Combinator创业孵化器的创始人保罗·格雷厄姆（Paul Graham）说过："和其他任何一份工作一样，当你不断地从事设计方面的工作，你肯定会在这一领域变得越来越好，而且你的品位会发生变化。"

在产品创作过程中不断获取、总结相关经验，都将有助于提升自己的品位。你可以通过全身心地工作，也可以通过与人交流沟通，甚至还可以从一些不重要的项目开始起步，逐渐获得项目经验。

品德

比作品本身更能产生深远影响的往往是作品背后的文化内涵，也就是作品的品德，而不仅仅是作品有多么好看、潮流、炫酷。

作品的品德，可以是精神信仰和价值理念的传递，可以是细致的人文关怀，也可以是一种美好的情感体验。

休闲服饰品牌露露乐蒙（lululemon）的产品包括服装和鞋类、运动配件等，延展至运动、健身、舞蹈、休闲等多样化场景，由"卖产品"转变为"卖生活方式"。

露露乐蒙以传达"热汗生活方式哲学"为初衷，通过瑜伽等各种热汗形式与社区成员真实对话，在热汗中激发用户自我成长和联结自我及外界的力量,帮助人们活出"可能"。

露露乐蒙并没有一直向它的受众灌输产品信息,说自己的瑜伽裤有多好、说自己的背心是什么材质、说自己的制作工艺有多么精良,而是跟受众分享那些穿着露露乐蒙自信做自己的人,分享他们跑步、爬山、瑜伽、滑轮、逛街、参加活动、亲子运动、与宠物互动的真实生活,共同开启积极健康的运动生活方式,迎接生活中的惊喜和无限"可能"。

此外,露露乐蒙还持续传达女性意识的崛起,为女性发声。瑜伽在全球流行的时间并不长,最初没有品牌专为女性做瑜伽服,女性只能选择去穿不那么舒适的小码男士运动衣。20世纪90年代后期,女性越来越独立,对生活质量的要求也越来越高,她们更加愿意为高品质买单,露露乐蒙抓住了这个细分市场,并结合女性意识崛起的环境,将这个细分人群称为"Super Girls",传递女性自信、乐观、勇敢、积极的感觉和体验,让用户心甘情愿地买单。

与露露乐蒙一样,电动汽车通过传递节能环保的价值理念,引发消费者关注;洗碗机主张解放双手、营造现代化的生活方式,得到更多消费者选择;星巴克提出了"第三空间"的概念(为人们提供一个除了家庭和工作场所之外的第三个社交场所),获得很多年轻消费者的追捧。当我们把消费者感受放在首位,通过对信仰、理念、追求的传播,引发消费者精神上的共鸣,才能和消费者建立更深厚的情感连接。

品质是作品的硬实力,品位和品德则是作品的软实力;品质决定的是品牌的深度和厚度,品位和品德决定的是品牌的高度和温度。

当作品拥有了品质、品位、品德这三品，软硬实力兼备后，就说明作品已经具备了形成品牌的优势，接下来就要考虑具体的品牌打造策略了。

美学思维

除了品质、品位和品德这三品，作品还必须要具备的就是美学思维。关于美学思维，我自己有一个美学体系——从自然美学，到人文美学，到商业美学，到哲科美学，到宗教美学，构成一座美学金字塔。

美学金字塔

自然美学是人类与生俱来的审美感受。我们所有人都是属于自然的，跟花花草草是一样的，但我们又有主观视觉的修改，所以能由此产生自然之美。

人文美学强调的是人与世界的关系，也是从人的角度出发来解读世界。

产品五品

商业美学的核心也是"人",是人的需求。尊重别人的需求就是尊重人性。商业美学就是契合尊重人性的美学,以人为本,看到大众的需求,为人类创造价值。

哲科美学采用哲学思辨的方法,通过逻辑推理、概念分析和哲学论证来探究美的本质和意义。它关注人类对美的感知和体验,以及审美活动在人类生活中的作用和价值。

宗教美学涉及对美的本质、审美体验、艺术作品等问题的探讨,同时也关注宗教仪式、宗教建筑、宗教音乐等具体领域的美学问题。在宗教美学中,审美经验被视为一种重要的精神体验。它可以帮助人们超越现实世界中的种种限制,达到内心的平静和满足感。

自然美学、人文美学、商业美学、哲科美学、宗教美学相辅相成,层层递进,为作品赋予更多的美学内涵。

第三节
作品型企业发展思路

从不同角度切入产品的企业有着不同的发展思路，而决定其发展思路差异的，则是不同的产品价值观。

我在《产品三观》中提到过，价值观决定着产品能不能做成，以及最终的产品形态。

以设计一款水杯为例，如果你的价值观是要让所有人都用得起，那么你设计出来的可能就是 9.9 元的普通玻璃杯；如果你的价值观是要让人随时随地都能喝上温水，那么你设计出来的可能是一个便携式的恒温杯；如果你的价值观是要让用户为颜值买单，那么你设计出来的可能就是款式新颖、品位独特的杯子……

只有拥有了明确的价值诉求，才能有的放矢，不至于走弯路。

产品五品

提到产品价值观，可能很多人会觉得这是一个很深奥、很宏大、很虚无缥缈的东西，但实际上，真正能成就大业的，往往是把简单的价值观做到位的产品。我曾和西贝的创始人贾国龙交流过。我问他们公司的核心价值观是什么，他说："很简单，就三点：一是非常非常好吃，二是非常非常干净，三是非常非常热情。"就是如此单纯的价值观，反而让一切复杂都变得简单起来。所有的战略都以好吃、干净、热情为核心。这样目标明确了，行动也变得高效起来了。

产品之间的差异是因价值观不同而形成的，这一认识基于我的产品创新经验。我认为以作品为切入口的企业，即作品型企业，首先要基于作品的核心价值确定自己的作品价值观。

作品核心价值观

优秀的文学作品，初期要有好的构思；优秀的音乐作品，初期要有好的韵律；优秀的美术作品，初期要有好的框架。

一个好的产品，在作品阶段要更动人、更创新、更经典。

更动人

好的作品是要打动人心的。它要像人一样，能传递感情、勾起回忆、给人惊喜，和人产生情感互动。产品的设计、功能、交互体验等方面都应当注重与用户情感的连接与共鸣，从而触动用户的内心，迎合用户的情感需求，并通过传递积极的情感体验，引起用户的共鸣和情感投入。

更创新

在当今的市场上，缺的永远不是产品，而是有创意、独特、创新的产品。一个好的作品要想顺利进入市场，抢占用户，就必须颠覆传统的思维模式，不断探索新的可能性。企业需要提高自身的创新研发能力，迎合用户的需求，从理念、外观、功能等各个方面进行创新设计，让用户始终保持着较高的兴趣和购买欲望。

更经典

经典的作品会跨越时空的局限。它能够融汇传统与现代的元素，以及经典与新颖的设计思路，使得作品在长久的时间里依然具有吸引力和价值，并且能够持续地传承下去。经典的产品价值观能够使用户对产品产生持久的喜爱和较高的忠诚度，同时也能够在市场竞争中脱颖而出。

了解了作品的核心价值观，对于作品型企业未来的发展，我认为主要有以下三个思路可供参考。

不忘初心，内容为大

作品型企业有一个共同的特点是立足作品，根植于作品。作品是内容也是基点，是源头也是后续一切延展的支点。作品即内容，作品本身就是最好的宣传手段。无论市场环境怎么变化，坚持深耕作品，始终都还是有机会的。

以中国原创香氛品牌观夏为例，在面世之初，我们并没有看到观夏使用新品牌惯用的营销手段进行大肆宣传，而是用心扎根在内容领域。他们耗时两年，访遍全球有机农庄，研究纯天然香料，挖掘中国人记忆中的情意结，从家居香氛类目做起，全面覆盖香薰、香膏、香水、洗护等香味类产品线。

相比于流量，观夏更注重的始终是内容。观夏的每一个产品都有一个故事和一段影片，通过图像、视频、文字等多种形式向用户解读产品的设计灵感和内涵，让人犹如置身于东方诗意的场景之中，对香氛产生无限渴望。产品名字也极具东方神韵：昆仑煮雪、颐和金桂、梅水煎茶……让用户快速在脑海中想象出画面。除此之外，观夏还创办了和产品调性相符的杂志《昆仑》，展现东方文化的故事、审美与生活方式，打造具有深度的文化产品，以此来占领用户的心智。

到目前为止，观夏没有在大型电商平台上架，而是充分利用私域流量，通过小红书、微信公众号将流量引向小程序店铺，在私域里做转化。没有代言人，不做大规模广告和流量投放，但还是创下了年销售额过亿元的国产香氛品类纪录。

随着美团、拼多多、直播带货等新平台、新模式的不断崛起，市场竞争越来越激烈。一味地追求营销策略和套路，忽略了作品本身，企业无法实现可持续发展。

只有守住初心，追求匠心，不断创造出更强品质、更高品位、更好品德的作品，企业才能在激烈的市场竞争中立于不败之地。

美学主张：颜值即正义

美并非千篇一律，每个作品实际上都有自己明确的美学主张。

比如一款手机，它的美学主张可能是简洁、时尚、高端或者科技感。这种美学主张会影响作品的设计，如颜色、线条、材质以及功能布局。如果一个手机品牌主张简洁和高端，那么它的设计可能会采用黑色或白色的主色调，设计线条会更加流畅，材质也会选择更加高端的金属或玻璃材质，在功能布局上也会更加注重用户体验，以提供更加便捷的操作方式。

再比如一件家具，它的美学主张可能是舒适、自然、简约或者复古。这种美学主张会影响作品的造型、颜色和材质。如果一个家具品牌主张舒适和自然，那么它可能会采用软包设计，颜色会更加温馨和柔和，也会选择更加天然的材料，如木材、棉麻等，同时，设计也会注重实用性和耐用性，以满足消费者的实际需求。

在这个大众普遍认同"颜值即正义"的时代，作品型企业要想形成风格，抢占市场，必须要建立自身明确的美学主张。例如戴森的设计始终强调科技与美学的结合，将技术和艺术融为一体，创造出具有高度美感和科技感的作品。在戴森的众多产品中，如吸尘器、无叶风扇等，我们都可以看到其独特的科技美学主张，简洁、现代，充满了未来感。戴森凭借着自身科技与美学相结合的美学主张，颠覆了"性价比主义"，让用户愿意为之买单。

作品要想确立自身的美学主张，首先，要明确自身定位，找到核心价值和目标受众。其次，要研究市场需求和竞争环境，了解市场上的同类产品以及竞争对手的产品，分析他们的美学特点、优缺点以及目标受众。这有助于发现市场空白和潜在消费者需求，从而在美学上找到自己的差异化定位。再次，要挖掘自身的核心功能和特点，以及如何通过美学手法突出这些核心功能和特点。最后，要确定设计语言和风格。根据品牌定位、市场需求、竞争环境和产品核心功能，选择适合的设计语言和风格。这可以包括色彩、线条、材质、比例等元素，要确保这些元素之间的协调统一，以呈现整体的美感。

讲好故事，事半功倍

相比铺天盖地的硬性广告，用户想要看到的，永远是真诚的故事。好的故事是消费者和品牌之间最好的"桥梁"，不仅能占领消费者的心智，也是支撑品牌溢价效应的一大利器。在今天这样一个消费过剩的时代，人们或许不会为了一款产品的性能买单，但是却会为了一个好故事付费。

故事可以是创始人自身经历的真实的故事，也可以是向用户征集来的故事。一个好的故事往往胜过一百条广告语。

艺术生活品牌野兽派最初只是微博上的一家线上花店，没有产品目录和价格表。如果用户想要买花，需要把自己的情感故事告诉老板娘，老板娘根据故事来搭配鲜花。这样做出来的每一束花都是独一无二的。野兽派再通过微博把用户的故事和鲜花发出来，引发大众的共鸣，从而积聚了一定的名气。仅凭微博发布的花卉礼盒照片和文字介绍，野兽派在 1 年内吸引超过 18 万粉丝，成为传奇花店。

曾一手创办出烟草品牌"红塔山"的褚时健，71岁时因为经济问题锒铛入狱，之后二次创业，在云南包下2000亩荒山种起了橙子。经过不断试验，褚时健终于成功种出了符合中国人口味的橙子——褚橙。从一代"烟王"变身一代"橙王"的励志故事感染了很多人，甚至有消费者说："我买橙子并不是想吃，买的是褚老的信念和精神。"

依云矿泉水的故事想必很多人已经耳熟能详。1789年法国大革命时期，一名患有肾结石的贵族从巴黎流亡到阿尔卑斯山腹地的依云小镇。当地流行用矿泉水治病，他决定试一试。饮用了一段时间后，他的病竟然奇迹般痊愈了。随后，依云小镇的矿泉水出了名，大量的人涌入小镇想体验"神水"。拿破仑三世及其皇后对依云镇的矿泉水情有独钟，1864年正式赐名小镇为依云镇。

达能集团从依云矿泉水的故事和阿尔卑斯山的积雪身上获得了灵感，提取了"天然、健康、纯净"的品牌理念，推出了依云这款"贵族"矿泉水。向消费者输出"贵族""高端"的品牌形象，让消费者感觉自己喝水是在享受天然和纯净。对于不少消费者而言，他们在饮用这款矿泉水的同时也是在品味一种文化。

洛可可在为崀山红脐橙做品牌设计的时候，设计了专属IP形象"橙果儿"，并且为了丰富内容，添加设计了橙爸、橙妈的形象设计，打造橙子一家人，以家庭为核心场景，将生活中的柴米油盐、喜怒哀乐进行故事化、趣味化、丰富化表达，加强品牌IP的人格化塑造。

产品五品

良山红脐橙品牌包装设计案例图

总之,只要是我们能讲出其故事的企业大概率能打造爆品,能讲出其故事的产品本身就是爆品,这就是讲好故事的力量。

本章的最后,我给大家总结一下如何坚持作品价值创新。

我认为作品价值观的核心是价值创新,如何坚持价值创新是每个设计师、产品打造者都需要思考的问题。以下是我的一些建议。

第一,关注用户需求。作品是产品的第一阶段,这个阶段除了设计师和产品打造者的主观投入,也必须兼顾客观的用户需求。在产品的创作过程中,要始终关注用户的需求。只有了解用户的需求,才能创造出符合用户需求的产品。要通过市场调研、用户访谈等方式,了解用户的需求和痛点,以此为基础进行创作。

第二,不断学习和创新。创新是推动产品发展的重要力量。设计师、创造者需要不断学习和创新,探索新的设计思路和方法。可以通过参加行业会议、阅读相关书籍、关注行业动态等方式,不断提升自己的专业水平和创新能力。

第三,保持初心和情感。作品价值的核心是情感价值,设计师和产品打造者需要保持不变的初心和饱满的情感，将自己的情绪、情感、认知、思想融入产品。只有注入初心和情感的作品，才有可能创造出拥有灵魂和生命的产品。

第四，坚持质量和效率。作品的质量和效率是产品生命周期中的重要因素。艺术大家之所以能创造出惊艳世人的好作品，也经历了"台上一分钟，台下十年功"的打磨。所以设计师和产品打造者，同样需要坚持训练和不断学习，以打磨产品品质和提高效率。企业可以通过优化设计流程、提高生产效率等方式，提高产品的质量，保证交付时间。

总之，作品是产品生命周期中的第一环，是产品能否诞生的先决条件。而作品价值强调的是创作者的初心，所以设计师和产品打造者需要关注用户需求，不断学习和创新，保持初心和情感，坚持质量和效率，以打造出令人满意的作品，推动产品的发展和创新。

3 制品价值观

在产品的生产过程中，制品是从作品到商品的过渡阶段，是将作品转化为商品的重要环节。制品能不能生产、好不好生产，取决于制品是否具备理性与逻辑思维、标准化与流程化思维，以及系统性思维。在本章中，我们将探讨制品的定义、制品价值和做好制品所需要具备的思维。

我认为制品是指在将作品转化为商品的过程中，生产商、厂商所进行的生产和制造。在生产过程中，需要考虑生产成本、生产效率、生产质量等多方面的因素，以确保作品能够成为一款好商品的可行性和持续性。制品价值主要体现在制品的品质上。提高制品价值可以围绕以下几个维度来进行。

第一个维度是匠心。制品的打造需要有匠心。匠心与作品阶段的初心一样，需要设计师或制品打造者、生产商、厂商在制品的生产过程中融入精神和情感。匠心是提高制品品质和竞争力的重要因素。

第二个维度是品质。在匠心投入的基础上，追求品质的提升。制品的品质是制品的核心内涵。品质也是一款制品最主要的评判标准。好的品质可以提高制品的用户信任和忠诚度。

第三个维度是价格。制品的价格是制品的价值体现。制品的价格需要考虑制品的生产成本、市场需求、竞争对手等多方面的因素。适当的价格可以提高制品的市场占有率，增加制品的销售量和利润。

在本章，我会为大家详细阐述制品的价值、打造制品的核心思维，以及制品型企业的发展思路。

第一节 制品价值

马克思政治经济学的观点认为：价值就是凝结在商品中无差别的人类劳动。制品价值是指产品本身所具备的功能、性能、品质等所带来的价值。在商业领域中，制品价值是非常重要的，因为它直接关系到产品的市场竞争力。而制品价值最终是由顾客需求来决定的，在不同的经济发展时期，因为顾客对于制品的需求在不断变化，所以构成制品价值的要素以及各种要素的相对重要程度也在不断变化。尽管如此，在提高制品与购买者之间的适配度、引导顾客购买的同时，创造更大价值是重点。这里讲的制品价值主要体现在其品质性、功能性和性价比三个方面。

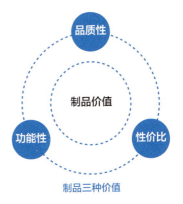

制品三种价值

产品五品

品质性

制品价值主要体现在产品的品质上。产品品质是指产品能够满足使用需求所具备的某些特性，包括产品的性能、安全性、用户体验等各方面，做好产品质控是企业最重要的责任之一。

格力电器之所以能在家电市场上长盛不衰，除了不断进行技术创新和工艺优化外，更重要的是其对产品质量的严格把控。

格力电器有着完善的产品质控体系和全员质控意识，"零缺陷""不生产不良品，不流出不良品"是格力电器一贯坚持的准则。1995年，格力成立行业内迄今为止独一无二的"筛选分厂"，迈出了"严把质量关"的第一步。此后，围绕产品质控，格力形成了包括质控部、筛选分厂和外协外购件管理部在内的质量控制系统，其中质控部内部下设了31个科室，可对格力产品全生产流程的质量进行严密的把关。据了解，格力空调从零部件生产到整机组装再到流向市场，每一道工序都要经历质控系统"细节控"们的严格筛选和反复测试，到用户手中需要经过862道质量检测工序，而这个数字还在随着格力不断提升的质量标准逐年上升。

格力电器通过严格的质量把控，将产品品质做到了极致。优质的产品，也赢得了越来越多消费者的信赖和认可。

追求品质上的极致，可能会给企业带来一定的挑战（如成本上升），但产品的品质是品牌立足和发展的基础。只有不断生产高品质的产品，企业才能获得更高的市场份额和更稳定的消费者群体。

功能性

制品的功能性是一个产品的根本价值和特定职能，是产品总体的功用和用途，也是顾客付费的理由。所以制品的功能性与用户需求密切相关。如果制品不具备功能性，在用户端就失去了产品价值。

而制品的功能性体现在使用功能与审美功能两方面，前者是制品给用户提供的具体使用价值，后者则是制品给用户带来的情绪价值。

基于制品的这两个功能的侧重不同，制品的功能性价值将产品又分成了三类：一是功能性占主导，主要满足用户使用价值的功能性产品，例如剪刀；二是审美功能占主导，主要满足用户对于产品外观、个性情感需求的风格性产品，例如潮牌服饰；三是在以上两种类型中升级的象征性属性产品，无论是功能还是审美都上升到产品主人因为产品而得到某种身份与地位的认同的身份性产品，例如奢侈品。以上三类产品也对应了制品功能性的三个层次，即基本功能、心理功能、附加功能，这也是产品打造的三个切入口。

现阶段，大部分制品的基本功能都可以得到满足。随着市场竞争越来越激烈，人们对商品的需求越来越多样化。要想在市场上突围，实现差异化，需要从附加功能入手。

目前，大部分智能手机的基本功能已趋于同质化。为了提升市场竞争力，各大手机品牌在提升摄影摄像、屏幕设计、安全性能等附加功能上下了很多功夫。在手机屏幕上，三星遥遥领先；电池续航方面，华为略胜一筹；使用体验方面，苹果得到更多人的追捧。

前不久，苹果手机推出一款有 3D 空间感和深度视频拍摄性能的手机，得到很多摄影爱好者的青睐。

通过提升附加功能的优势，不同品牌的手机吸引了有不同需求的消费者的关注和购买。这些附加功能不仅增加了手机的多样性和个性化，也提升了用户的使用体验和满意度。

就像马斯洛需求理论所提到的，人们在满足了基本的生存需求后，就会追求情感、社交、自我实现等更高阶的需求。当制品的基本使用功能被满足后，我们需要不断在心理功能和附加功能方面对制品进行更新迭代，提升制品的竞争力。

性价比

性价比，即性能价格比（性价比 = 性能 / 价格），是衡量产品价值与价格之间的关系的一个指标。它通常用来帮助消费者判断产品是否物有所值，或者在多个选项中选择出最具成本效益的产品。

对于用户来说，高性价比意味着产品的性能与其价格相比非常出色，用户可以用较低的成本获得较高的价值。这通常意味着产品比同类产品提供了更多的功能、更好的质量或更优的服务。

比如中端智能手机，提供了高端手机的大部分功能，如高清显示屏、快速处理器和良好的相机性能，但价格却比高端手机便宜很多。

比如能效等级高的冰箱，虽然初始购买价格略高，但由于其节能特性，长期来看能为用户节省大量的电费，从而提供较高的性价比。

再比如经济型轿车，如丰田卡罗拉或大众高尔夫，以其可靠性、低维护成本和良好的燃油效率而闻名，具备与其价格相匹配的高价值。

低性价比则意味着产品的性能与其价格相比不尽如人意，用户支付的价格没有得到相应的价值回报。

比如一些过时的笔记本电脑，尽管价格昂贵，但由于技术更新迅速，它的性能已经无法满足当前的应用需求，性价比较低。

比如一些高端品牌的手袋或手表，尽管品质上乘，但由于品牌溢价，其价格远高于实际使用价值。对于追求实用性的用户来说，性价比可能较低。

再比如一次性使用的电子产品，如某些便携式音乐播放器，可能因为技术迅速被淘汰而很快失去价值。如果价格不菲，那么性价比就会很低。

站在用户的维度，每个人都会希望在有限的预算内获得最好的产品或服务。这也就要求产品制造方，优化生产成本，采用现代化的生产设备和技术、提高生产效率、降低原材料采购成本等，来降低产品的售价，提高产品的性价比。

为了在茶饮这个大红海中胜出，蜜雪冰城将"薄利多销"作为核心理念，并在每一个环节做到极致。最典型的例子就是蜜雪冰城的茶饮包装从不用高端的杯子，封口也不用杯盖。在茶饮领域，同等原料情况下，其他品牌毛利率在 60%~65%，但蜜雪冰城会把毛利率压到 30%~50%。

靠着流量至上与薄利多销的销售策略，让蜜雪冰城成为"性价比"的代名词。2 元一支的冰激凌、4 元一杯的柠檬水、7 元一杯的雪顶咖啡……4~8 元的产品价格区间，对于任一阶层的消费者来说，都没有太大的压力，尤其是对低收入者和学生群体来说更是有着很大的吸引力。极高的性价比，让蜜雪冰城在茶饮品牌中脱颖而出，不论是一线大城市还是三四线小城市，都随处可见蜜雪冰城的身影。

当然，性价比并不是单纯地指价格低，如果制品只是一味地追求低价，而没有恪守住更为本质的性能、质量、使用体验等方面的要求，那么性价比就无异于空谈。

品质性、功能性、性价比三者共同构成了制品的综合价值。一个优质的制品需要同时具备良好的品质性、新颖的功能和合理的性价比。只有当这三个要素达到一定的平衡和协调时，制品才能赢得消费者的认可和喜爱，实现价值的最大化。

制品价值是产品价值观的基石。如果产品不具备制品价值，后续的商业价值、用户价值、社会价值就都无法成立了。就像我们今天比较关心的食品安全问题，归根结底还是产品的品质不过关。产品不具备制品价值，有着安全隐患的产品即便进入市场流通环节，获取了一定的利益，但它的产品价值依然为 0。

第二节 制品思维

制品思维包括理性思维与逻辑思维、标准化思维和流程化思维，以及系统性思维。

理性思维与逻辑思维

理性思维是制品的基础，它要求基于现实、未来趋势等各方面的资源做出整理、分析、设计及预判，寻求合理的解决方案。逻辑思维是一种推理和判断的思维方式，它基于逻辑规律和推理方式，通过分析和归纳等方法，从复杂的信息中提取出结论和规律。

制品不是凭感觉、凭经验，不是一拍脑袋就决定的，而是要具备缜密的理性思维和逻辑思维，要清楚制品的时间顺序、结构顺序、流程顺序，充分调研竞品市场，运用数据分析洞察用户需求。

产品五品

例如，自动驾驶技术在研发过程中，需要理性地分析道路环境、交通规则和驾驶行为等复杂因素，有逻辑地设计感知、决策和控制等核心算法。设计师还需要通过大量的试验和验证来不断优化和完善系统性能和安全性。

在自动驾驶技术的研发中，理性思维和逻辑思维都发挥着至关重要的作用，二者缺一不可。

缺乏理性和逻辑思维，很可能会导致制品功能出现问题，造成损失。比如做了新功能改动，但是没兼顾到旧数据，那么使用旧功能的用户可能就没法使用。

标准化思维和流程化思维

标准化思维指的是为了使制品适应科学发展和组织生产的需要，在制品质量、品种规格、零部件通用等方面，规定统一的技术标准。流程化思维不仅仅指做正确的事，还包括如何正确地做这些事。流程优化是一项策略，通过流程将所有的业务、管理活动串联起来，保持工作的连续性，让流程来驱动工作过程，通过不断发展、完善、优化业务流程，保持制品的竞争优势。

麦当劳是全球著名的快餐连锁品牌，其成功的原因之一就是实现了产品标准化和流程化。麦当劳的产品和流程都经过精心设计和优化，以确保质量和效率。关于产品，麦当劳制定了严格的标准：每块牛肉饼从加工开始要经过40多道质量检查关，只要有一项不符合规定标准，就不能出售给顾客；凡是餐厅的一切原材料，都有严格的保质期和保存期，如生菜从冷藏库送到配料台，只有两个小时保鲜期限，一超过这个时间就必须处理掉。就连拖地，如何拿拖把，如何"Z"字形拖地，什么时间应该停止，都有明确的标准：右手伸出来，拿住墩布顶杆上边30厘米的位置，然后左手拿住墩布下边离墩布头20厘米的位置，从左往右在60厘米范围来回擦地，与自己的肩膀同宽，向自己的左脚折回来，形成一个"Z"字来擦地。此外，麦当劳以单店的可复制流程著称。每个连锁店分三个区域，即生产区、服务区和大厅区。任何工作岗位都有一套完整的操作流程，包括卫生间的清洁，以及店内一切设备的维护和保养。在世界各地的麦当劳，每一名员工每时每刻都在践行统一的麦当劳流程。员工们一丝不苟地规范操作，令人肃然起敬，它既是一种行为标签，也是一种文化符号。

再比如，好莱坞电影的成功，也离不开标准化和流程化思维的运作。好莱坞电影的制作流程非常标准化，从前期筹备、拍摄到后期制作都有一套完善的流程。每个阶段都有明确的任务和时间安排，以确保制作进度符合预期。这种流程化有助于提高制作效率和品质，减少成本和风险。好莱坞的标准化体现为将不同的主题和故事按照西部片、歌舞片、黑帮片等序列归类整合，制片厂通过"类型"这个系统将影片"标签化"，不同的标签对应着不同的受众群体。类型电影通过聚焦于一个主角的特定长度的故事，在特定的制作标准下应用特定的拍摄手法、剪辑与配乐，创造出一个预先设定的、完整无缺的想象世界，而观众正是通过这个被创造出的世界来与好莱坞电影工业进行沟通。类型电影甚至就连结尾也是遵循着一套固有的标准：西部骑士在马上没入夕阳，侦探回到办公室等待下一个案件，梦想成名的小人物走上舞台……标准的浪漫大团圆，让观众在电影院中尽可能体验到更完美的想象世界。

随着社会的不断发展和进步，制品的标准化思维和流程化思维越来越重要。除了可以降低成本、提高工作效率和产品质量，它还能促进企业的技术革新和协调管理。当市场和客户需求发生变化时，有标准化和流程化思维的企业，可以及时调整和优化流程，快速做出调整。

系统性思维

系统性思维是指在看问题的时候，不仅看到了表现，还看到了背后的联系。制品的系统思维是指在生产一件制品时，我们不能只看到它的外观，更要看到它背后的用户、需求、功能、信息、交互、视觉、内容、数据、传播、变现等各个环节，以及这些环节之间的关系。

比如，在设计电脑的散热系统时，系统性思维能够帮助设计师看到整体系统的相互作用和影响，而不仅仅关注其中的某一部分或单个环节。在设计过程中，工程师需要对笔记本内部空间布局进行科学规划并合理配置散热管道和风扇的位置。最大化保证散热效率的同时，还要优化电脑内部空间布局并考虑对电脑外观的影响。这些都要求设计师具有系统性思维。

系统性思维要求我们不能"头痛医头，脚痛医脚"，而是要站在"上帝"的视角看待问题，将琐碎的信息整合起来，直抵本质去解决问题。

从现象、功能和产品去看事情都是肤浅的，必须从系统层面去想战略、做执行、定指标。寻找到背后的系统化思维，才能创造出经得住市场检验的制品。

制品思维不仅仅是关于产品设计和开发的一种方法论，更是一种解决问题、满足用户需求、创新和持续改进的思维方式。构建产品思维是一个持续的过程，需要我们在实际工作中不断学习、实践和反思。通过培养制品思维，我们能够更好地把握用户需求，关注产品价值，提升制品的核心竞争力。

第三节
制品型企业发展思路

2023年9月习近平总书记在黑龙江考察调研期间首次提到新质生产力。新质生产力是创新起主导作用，摆脱传统经济增长方式、生产力发展路径，具有高科技、高效能、高质量特征，符合新发展理念的先进生产力质态。

未来，制品型企业需要围绕新质生产力的特点，严格控制成本，进一步加大技术创新投入，不断提升制品技术含量和品质。只有这样，那些传统的制品型企业才能在激荡的市场洪流中占领一席之地。

制品核心价值观

如何更好地兼顾制品的品质和价格，是很多企业需要思考的问题。想要提高效益，盲目地通过降低质量来压低成本或一味地调高价格都不是长久之计。只有通过不断创新，用科学的方法降低成本，用科技的手段生产出品质高、性能好的制品，企业才能实现可持续发展。

品质更高

品质是产品最核心的价值观，好品质如同产品的根基，根基不牢，也就很难筑起产品这座大厦。在好品质的支撑下，好产品才可能有优秀的市场表现。如今的消费者，对产品的需求不仅是品质的过硬，而且产品品质得不断提升。消费者对创新型产品、升级型产品、功能扩充型产品、智能化应用得到体现的产品都是比较感兴趣的。这是消费升级的体现，也倒逼更多的企业采取更多的技术研发手段使产品的品质得到进一步提升。

成本更低

在产品的生产侧，更低的成本往往意味着更高的获利空间，可以增强产品在市场上的竞争力，吸引更多的消费者。低成本可以释放更多的企业资金用于研发和创新，提升产品的性能和品质，促进企业的可持续发展。

性能更好

好产品最主要的是要给用户带来良好的体验，这也就要求产品有更好的性能。性能更好的产品能够提供更优质的用户体验。无论是在功能、速度、稳定性还是其他方面，性能更好的产品可以更好地满足用户的需求，提升用户满意度，增加用户的黏性和忠诚度。

我认为，制品型企业的发展思路最重要的是打造制品的核心竞争力,形成制品的核心壁垒。

2014 年,洛可可设计的 55 度杯曾凭借"降温杯"这一创新品类获得了消费者的青睐,但是随之而来的山寨仿品也是层出不穷。不仅外观雷同,就连品牌广告语、产品宣传海报、宣传文案都整体抄袭,一度使 55 度杯陷入了"欺诈""造假"的舆论风波中。

爆款被抄袭,在市场上是一种很常见的现象。万事都有两面性,如果说一件产品被众人学习复制,一定也反映出了这款产品在市场的优势和火爆,甚至可以说,如果你的产品被抄袭复制,也说明这款产品是一个爆款。当然作为设计师,我是非常反对抄袭和"山寨"的,创新是一个设计师的立身之本,而设计创新背后考验的是一家企业的综合实力,包括成本、品牌、知识产权以及供应链的稳定性等,所以在激烈的市场竞争中,能够挖掘出行业的壁垒,就显得十分必要了。

找到制品的核心竞争力,我认为大家可以从两个方面来考虑,即技术创新和供应链创新。接下来我一一给大家介绍。

技术创新

人类社会从农耕文明到工业文明,再到信息文明,每一场文明的迭代,都会出现非常多的技术应用。就拿通信产品来说,从农耕文明时代的人力畜力传递信息,到工业文明时代的交通工具传递信息,再到信息文明时代的互联网传递信息,一次次的技术创新,都在为人类的信息传播提速。

技术创新一定是打造产品行业壁垒的关键方法。每一项科学技术的创新和产业化应用，都会激发很多新的行业和新的产品出现，科技是商业的重要生产力。

举一个具体的案例：目前市场上的螺蛳粉品牌大多使用代工厂，配料及生产方式都类似，除了热衷测评的重度爱好者，消费者对品牌之间的口味差异感知并不明显，同质化越来越严重。作为后起之秀的臭宝，凭借技术创新成功破局，成为螺蛳粉赛道极具竞争力的品牌，在汤底和配料上都做了差异化创新。

针对汤底，臭宝开发了"沸沸原汤"和"爆爆浓汤"两款产品。前者继承了传统螺蛳粉鲜辣酸爽烫的特点，符合大众的口味；后者在前者基础上加辣加臭，迎合重度嗦粉爱好者寻求刺激的需求。二者分别获得国际美味奖章（Superior Taste Award）一星和二星，也是行业首个获得二星的螺蛳粉产品。

针对配料，臭宝开发了有15包料的"爆有料"款，和速食产品"图片与实物不符"的常态不同，臭宝的配菜体积更大，包括大块木耳、酸豆角、萝卜干、花生等，并开辟了两包酸笋款、大片腐竹款。其中，平均长度19cm、平均宽度8cm，"比手掌还大"的腐竹成了臭宝的一大卖点。而为了生产这块超大腐竹，臭宝专门定制了设备，通过反复测试温度与时间，保证超大腐竹在油炸过程中均匀受热，成品形态舒展。由于大腐竹更容易破碎，臭宝设计了特制加厚塑料托盘包装，将腐竹叠成3层放置，大大降低了破碎率。

再比如说，戴森吹风机，能成为业内佼佼者，离不开戴森持续不断的技术创新。

戴森是最早推出无扇叶吹风机的公司之一。也是基于这一技术，其无扇叶风扇（Air Multiplier）系列一经上市便在市场上取得了巨大成功。而后，它又不断迭代创新，推出了快速干发护发、省电、降噪等多功能吹风机，成了吹飞机领域的"领头羊"。

臭宝螺蛳粉通过在汤底和配料上的创新，在激烈的市场竞争中脱颖而出；戴森吹风机通过空气倍增技术取代传统的扇叶实现吹风效果，这种颠覆性的设计，让戴森在全球范围内拥有广泛的知名度和影响力。

想要打造自己的制品在行业内独一无二的壁垒，从技术创新角度入手是最有效的办法。

供应链创新

制品供应链创新是提高企业竞争力、满足消费者需求、促进产业升级和转型的重要途径。通过不断优化和完善供应链体系，可以实现制品可持续发展和长期效益的提升。

20世纪初，汽车还没有在美国大规模普及，主要原因是生产率低下。工厂仅是放大了N倍的作坊，汽车的制造成本高，产量也很低。亨利·福特在1913年率先发明的流水线制造模式极大地提高了生产效率，制造成本也就降下来了。福特坚持给员工发高薪，让他们都能买得起自家生产的汽车。不仅如此，福特公司还控制了整个汽车产业供应链，从铁矿石开采、炼钢、运输原料、制造加工到最后的实体店销售，全部是由福特公司控制。由于没有中间商赚差价，福特公司能进一步降低供应链总成本，亨利·福特开创的流水线和垂直控制供应链模式影响至今。

福特公司通过垂直控制的供应链模式，有效地控制成本、提高生产效率，开创了当时汽车市场的先河。这种供应链模式对于20世纪初期的重资产企业来说，无疑是最好的选择。但随着互联网的不断崛起，市场竞争越来越激烈，采用这种垂直整合的供应链会给企业带来一定的财务压力。结合当前市场形势，小米通过采用独特的"互联网+"供应链模式，在众多的智能手机品牌中脱颖而出。

小米的"互联网+"供应链模式是以消费者需求为导向，通过电商营销模式精准定位所需库存并有效降低渠道费用、缩短供应链，以达到用较低的生产成本打造低价产品的目的。成长初期，小米的销售渠道以线上为主，客户通过预订直接购买，省略中间商环节。小米与客户保持零距离可以快速收到现金回款、掌控全面的销售数据并削减渠道成本，为打造低价产品奠定基础。

《小米生态链占地笔记》一书中，提及"竹林生态优于百年松树"的概念。小米讲究生态之间的互相依赖及分享，2013—2023年小米已经投资孕育出超过400家公司的竹林生态，这离不开供应链上的"将"与"法"。小米孵化的公司分别负责小米旗下的不同产品，犹如林立的竹子，扎根并共享土地中的营养，小米的供应链就是那片肥沃的土壤。

与小米追求与优质供应商合作和品牌孵化的供应链方式不同，近几年大火的茶饮品牌蜜雪冰城，通过完整的供应链闭环和自有供

产品五品

应链实现了成本控制和品牌优势。

  蜜雪冰城在原料采购阶段，直接跳过中间环节，与茶山、加工企业等源端进行合作，自建了中央工厂和研发中心。旗下 100% 控股的大咖国际食品有限公司（后文简称大咖）就是蜜雪冰城打价格战的核心武器。大咖主要生产调味粉、果酱、糖浆、奶浆和咖啡，这些都是奶茶的主要原材料。得益于原材料自产，蜜雪冰城原材料成本比同业者低至少 10%。有了原材料，还需要运输，对此，蜜雪冰城自建了仓储物流，除郑州的中心仓外，还在东南西北四个地方建立仓储，形成了"1+4"的网络仓储。原材料可以直接运送到加盟店中，大大降低了供应链的成本。而且由于蜜雪冰城采取密集开店策略，店铺之间的距离较短，也极大地降低了运营成本。

除了以上这些通过模式创新实现供应链升级的企业以外，还有一些企业已经把最新的技术融入供应链管理当中，推动了供应链的数字化转型。其中，SHEIN 是典型代表。

  SHEIN 采用了数字化柔性供应链并结合"小单快反"的生产模式，在竞争激烈的快时尚市场中脱颖而出，成为全球知名的时尚服饰品牌。

  这种数字化柔性供应链模式，让 SHEIN 能够实时捕捉市场需求，进行小批量、高频次的快速生产和补货，既减少了库存压力，又能确保产品紧贴最新潮流，及时满足消费者的个性化需求。同时，SHEIN 在全球设有多个仓库和物流中心，实现全球化的物流配送。利用先进的供应链管理系统，紧密协调产品的采购、生产和配送，确保产品能够及时送达消费者手中。

无论是引入新技术，还是采用新模式或新的管理方法，SHEIN服饰、蜜雪冰城、小米和福特汽车都是通过对供应链的创新，让制品从生产到物流再到销售的各个环节实现资源的优化配置、降低成本、提高效率的目的，从而创造更大的价值。

总而言之，技术创新是首先需要探索的方向。我在《世界是设计出来的》一书中说过，设计是科技与艺术的结合，科技的实用化也是造福人类的方式，所以在科学技术上进行创新，便是产品壁垒打造的内核逻辑。供应链创新则是创造制品价值、实现价值创新的重要手段。通过对供应链中关键环节的创新，提升生产效率和质量，降低成本，加强制品与市场的连接，可以更好地适应市场需求变化，增强制品的竞争优势，提升企业的发展潜力和核心竞争力。

本章的最后，我给大家总结一下如何创造制品价值。

一是优化生产流程。从作品到制品需要做到的第一步就是作品能够落地产业化，即作品能够投入生产流程。这就需要生产商、厂商优化生产流程，在保留作品气质的同时，提高生产效率和生产质量。可以通过引进先进的生产设备、优化生产流程等方式，提高生产效率和生产质量，降低生产成本。

二是关注制品品质。我一直强调制品的品质是产品的核心竞争力。作品需要创造力和初心，制品则需要生产力和匠心。生产商、厂商需要关注制品品质，关注制品的外观、功能、性能、安全等方面。通过加强质量管理、优化生产工艺等方式，提高制品的品质和

产品五品

竞争力，确保制品能顺利过渡成为一款好商品。

三是创新制品设计。我在作品阶段强调了创新，但是不代表产品生命周期的其他环节就不需要创新，创新是需要贯穿整个生命周期的。而制品阶段的创新，体现在制品的设计需要与生产加工流程环节协调和匹配，需要通过引进先进的设计理念、加强设计团队建设来创新制品设计。

四是合理定价。制品的价格是制品能否变成一款商品的前提。当生产商、厂商在生产制品时，产品经理必须通过了解市场需求、生产成本、竞争对手等，合理定价，以此提高制品的销售量和利润，确保在投入市场时能充分实现货币流通价值。

总之，产品生命周期到制品阶段就必须考虑优化生产流程、关注制品品质、创新制品设计、合理定价，从而创造制品价值，提高制品的竞争力和市场占有率。

4 商品价值观

商品是产品生命周期中的第三环,是将制品转化为销售品的过程,也是将制品的价值转化为货币价值的环节。

在转化的过程中,商品能否转化为收益,取决于两大要素:其一是商品本身的价值;其二是商品的商业价值。

商品价值通常是指商品的交换价值,即商品在市场上可以被交换成其他商品的能力。在马克思的劳动价值论中,商品的价值由生产该商品所需的社会必要劳动时间决定。

商品的价值还可能与其使用价值相关,即商品满足人类需求的属性。一个商品的使用价值越高,它对消费者来说价值就越大。

而商品的商业价值,通常指的是商品或服务在商业交易中的货币价值,反映了市场对商品或服务的需求和愿意支付的价格。商业价值不仅包括商品的交换价值和使用价值,还可能包括商品的稀缺性、品牌价值、客户忠诚度、市场份额、品牌影响力、消费者偏好、市场定位等因素。

商业价值还与商品或服务能够带来的利润潜力有关。一个商品如果能够带来较高的利润,那么它的商业价值就较高。

简而言之,商品价值侧重于商品本身的属性和它满足需求的能力,而商业价值则更侧重于商品在市场上的表现和它为商家带来的经济利益。

在商品阶段,最主要的价值是商品的商业价值。商业价值主要体现在商品的销售量和利润上,所以在商品的销售过程中,需要考虑商品的定价、销售渠道、品牌营销等多方面的因素,以确保商品的销售量和利润。

落到具体的工作上,我认为商业价值可以从以下几个方面呈现。

一是市场需求。商业价值的核心是市场需求。市场需求是指消费者对商品的需求和购买意愿,供需关系是商品得以存在的底层逻辑。企业需要通过用户研究、市场调研、消费者回访等方式,了解市场需求和痛点,并在这个基础上进行销售和营销策略的制定。商品的销售量和利润直接受市场需求的影响,企业需要根据市场需求,选择合适的商品,精准地通过营销的方式触达用户的需求,提高商品的销售量和利润。

二是销售渠道。销售渠道是商品销售的重要环节。销售渠道包括线上销售、线下销售、批发销售等多种形式。企业需要根据商品的特点和市场需求,选择合适的销售渠道,通过自己的营销策略使商品更广泛、更精确、更有效地被用户看到。

三是品牌营销。品牌营销是商品销售的重要手段。品牌营销包括品牌定位、品牌形象、品牌故事等多方面的因素。好的品牌营销可以提高商品的知名度和美誉度,可以增加用户的忠诚度和黏性,可以增强商品在同品类商品中的竞争力。

在本章我会给大家阐述商品的商业价值的重要性,以及商品打造的方式。

第一节
商品价值

商品价值是指产品在商业活动中所产生的价值，主要体现在产品的销售额、市场份额、品牌价值、利润等方面。在商业领域，商品价值是企业追求利润和增长的最终目标。当你的产品具有能够让用户认可的制品价值之后，我们要设计一些卖点，然后借助一定的商业模式，实现制品价值的商业化输出。

举个例子，拥有11年研发、生产LED屏幕经验的BAKO Optolectronics与洛可可合作打造的第六代租赁LED显示屏通过改变低价劣质的行业痼疾，丰富了中国LED显示屏的使用场景，引领租赁LED显示屏的新趋势。在产品的应用过程中，整体降低了用户的运营和维护成本，提高了舞台的安装效率，节约了舞台的搭建时间。该产品轻盈、简捷，用多功能快速锁连接，无须工具可单人徒手安装，可节省80%的人力和物力，为客户创造了更大的商业价值。本设计也因此获得中国首个本土发起的国际设计奖项——成功设计奖。

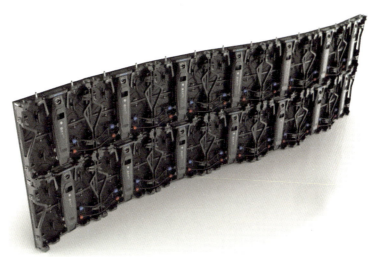

钻石户外 500mm×500mm 租赁显示屏 3.0

每一款产品都必须符合商业流通规则，定价、逻辑、品牌故事必须符合整个商业趋势，这就是产品的商品价值。产品的商品价值包括流通效率价值和市场规模价值，是生产出来的产品的数量及供应能力，包括市场范围、盈利金额、品牌知名度等。

流通效率价值

商品的价值在于流通。流通作为经济活动中不可或缺的环节，扮演着连接需求与供给的重要纽带，不仅在商品的交换中发挥着关键作用，同时也创造了巨大的经济价值。

产品五品

通过流通将商品从生产者手中转移到消费者手中，实现了资源的有效配置。生产者生产出的商品需要通过流通渠道才能到达最终的消费者手中。流通环节中的经销商、批发商、零售商等，通过运输、储存、包装、销售等一系列环节，将商品从生产地点送到消费者手中。这种流通过程不仅使商品能够及时到达市场，满足消费者需求，同时也避免了生产者因为销售困难而面临的库存积压问题，有效地提高了资源的利用效率。

具有较高流通价值的商品，通常也具有更广泛的应用场景和更高的市场需求。随着社会的高速发展，企业应该不断加强创新，通过引进先进技术、优化供应链结构等方式生产出更多具有高流通价值的产品，以适应不同的应用场景和市场需求。

市场规模价值

市场规模价值可以是当前的市场占比，也可以是未来的商业价值，包括可以扩展的市场有哪些，地区在哪里，品牌的可宣传性、可维护性及可升级性有哪些。而决定市场规模价值方向的重点，我认为是"利他性"。

从制品价值转换到产品的商业价值，这中间涉及的内容相对复杂一些，包含供应链、品牌、营销、机遇等，其中我最想强调的就是产品商业价值的输出要与用户相连，也就是说要始终以用户为核心，观念要从利己转变为利他。这一点很好理解，但是真正内化于心以及落地成形是非常困难的。很多人懂这个道理，但是很难在具体的选择中把这一条准则放在首位，其后果就是短期成效很好，但是长期难以持续。

在这里，我想以美团为例，给大家分析一下从利己转变为利他的重要性。

首先，美团给自己的定位就是"美好生活小帮手"，它提供的服务就是成为用户的帮手，提升用户的生活质量。这个定位就是从利他出发的。大家可以回顾一下现在生活中的各种产品：打车软件是让你出行更方便，社交软件是让你交流更方便，租住软件是让你出差旅行更方便……这些产品都是依靠着让用户更舒适而存活，反过来再看一些后来在市场上消失了的产品，消亡的原因必定有一条——用户体验极差。

此外，我很欣赏美团信奉的"长期主义"，这一点使得他们在许多抉择面前，选择了正确的那一个，也是它逐渐崛起的背后逻辑。从2011年初建起，美团处于亏损状态的时间长达八年，但是它能保持自己的定力，认真谋划长远布局，终于在2018年上市敲钟。然而在2020年，新的挑战又出现了。一场突如其来的疫情把大家打得措手不及，谁也没学过怎样才是处理这种"黑天鹅"事件的正确方法，美团也同样陷入困局。这时美团坚持的"长期主义"便开始凸显出它的重要性。前期建立起的"护城河"使它具有强大的应对能力，同时在灾难面前，美团也更看重行业的长期构建——对商家端、配送端都进行了扶持，这使得它在疫情期间也能葆有生机，不断前进。

美团的利他主义除了体现在对商家和配送端，同时还体现在消费者端。美团始终将消费者的需求和价值放在首位，通过提供多样化的选择、优惠活动、快速配送等服务，满足消费者的不同需求,提升消费者的满意度和忠诚度。这种利他主义不仅有助于美团形成强大的平台效应,也为美团在激烈的市场竞争中赢得了良好的口碑和市场份额。

有时候,"长期主义"的底层就是利他先于利己,将利他当作利己。

第二节 商品思维

商品思维是一种全面、深入且以消费者为中心的商业思考方式。它要求企业紧密关注市场动态和消费者需求，以开发出高品质、有竞争力的商品，并通过有效的营销策略将其推广给目标消费者。

具体来说，商品思维，主要包括竞争思维、品牌思维和场景思维。

商品三种思维

产品五品

竞争思维

竞争思维就是要有独特的销售主张，有竞争对手做不到、无法提供的优势，让商品具有独特性和唯一性的特点，有吸引眼球、打动人心的营销利器。我认为可以从以下两方面来提升商品的竞争优势。

拓宽商品边界

商品的边界，是指商品所拥有的特性和功能，是一件商品区别于其他商品的重要特征。通俗一点讲也就是商品的定位，即全面分析市场及用户画像，实现商品配置的最优化状态。商品定位包括对商品品类、价格、服务等方面的定位。拓宽商品的边界是指在原有的商品基础上，通过不断创新和升级，增加商品的价值和实用性，从而提高商品的市场竞争力。

我们耳熟能详的一些商品边界拓宽的思路有功能升级、设计创新、服务提升、品牌建设、营销策略等。

对商品所能提供的服务和功能进行升级，以提高商品的使用价值和市场竞争力，例如手机从最初的通话功能，发展到现在的多媒体功能和智能化功能，不断拓宽了手机的边界，提升了手机的市场竞争力；通过设计创新，可以拓宽商品的边界，使商品更加符合消费者的需求，例如苹果公司不断进行设计创新，推出各种新款手机和计算机；通过不断提升服务水平，可以拓宽商品的边界，例如一些高档酒店提供个性化的定制服务和奢华的住宿体验，提高了酒店的市场竞争力；不断进行品牌建设，可以拓宽商品的边界，提高商品的市场竞争力，例如可口可乐公司不断进行品牌建设，推出各种新款饮料；通过营销策略的创新，例如一些知名品牌在社交媒体上进行广告宣传，可以不断拓宽品牌的边界，提高品牌的市场竞争力。

那么为什么要拓宽商品的边界呢？商品能够进入流通市场，前提一定是已经满足了市场和用户的某种需求，但是需求是不断发生变化的。随着市场环境和用户需求的不断深入和强化，商品也会进入瓶颈期，而要想提高商品的生命力，就需要通过不断"改版"来拓宽商品的边界。

> 以微信为例，最开始它只是一个能满足用户即时通信需求的社交软件。后来开发了朋友圈，取代了QQ空间，让微信形成了一个完美的生态圈。随后又有"摇一摇"和"附近的人"，满足了对陌生人的社交需求。表情包、小游戏、微信商城等的出现满足了用户的娱乐需求，公众号的出现掀起了自媒体时代的热潮。现如今，微信又转向私域流量，重点打造视频号……
>
> 无论在微信之前还是之后出现了多少社交软件，都很难撼动微信的地位，其中的重要原因就是微信始终在拓宽自己的边界，以此来满足用户多样化、全方位的需求。

早在20世纪50年代，时任美国广告公司Ted Bates董事长罗瑟·瑞夫斯就提出了USP（Unique Sales Proposition）理论：企业要向消费者提出一个"独特的销售主张"，而且这个主张是竞争者无法做到的。随着科技文明的进步，更多商品、仿制品涌现，寻找独特的销售主张变得愈加困难。

当产品功能利益点越来越小，企业想要拓宽商品的边界，为品牌的产品和服务打造一个吸引人的核心卖点至关重要。它可以帮助

产品五品

产品快速打开局面，抢夺消费者心智。

那商品的核心卖点又是什么呢？所谓的核心卖点就是找出商品最有价值的那一个点，然后把这个点最大化，只有在一个核心卖点上投入全部的力量，才能够让大家记得住。但核心卖点不一定是产品本身的突出点，而是与同类产品相比最有差异化和竞争力的那个点。

比如，在牙膏几乎都以防蛀、美白作为卖点的时候，云南白药牙膏以"口腔健康"为卖点，直击消费者心智；在传统干燕窝的认知下，小仙炖以鲜炖燕窝出圈，提出了更新鲜的燕窝滋补方式：采用鲜炖工艺专利，0添加保质15天，每周冷鲜配送到家，打开了燕窝的新市场；当各种饮料都在口味、颜值上下功夫的时候，元气森林另辟蹊径，让"0糖0脂0卡""无负担消费"的气泡水成为食品饮料行业里的流行品……

还有诸如一上火就想到要喝的王老吉、"蓄电能力一节更比六节强"的南孚电池、"更适合中国宝宝体质"的飞鹤奶粉等，都是通过核心的卖点主张，形成了和竞品之间的差异化，以此抢占了更多同品类市场。

当商品有了核心卖点，那也就意味着商品有了很强的竞争力，打破了商品的边界，创造出了独一无二的价值。

搭建产品矩阵

商品只有核心卖点是不够的，因为当产品增长到一定程度，并且拥有了一批稳定的用户的时候，要想继续实现增长，往往会很难。这时，就要搭建产品矩阵，根据用户需求分层次来构建不同的产品组合，形成多样化的产品竞争体系。

当然，不是说一个企业做出了很多的产品就叫产品矩阵。矩阵化的产品必然存在相互关联、相互补充和相互促进的作用，这样才能形成一个有效的组合，让产品矩阵更好地促进产品的销售和市场的拓展。

搭建产品矩阵以具有核心卖点的明星产品为中心，可以横向打造与明星产品相关联的衍生产品，也可以纵向打造明星产品的跨界联名、个性化、定制化的产品。

举一个简单的例子，假如一个企业的明星产品是笔记本，那么它横向可以打造与本子相关的衍生品，例如笔、橡皮、便签、胶带等，以打通整条文具产业链。而纵向就可以打造和知名IP联名的笔记本，甚至是根据用户的需求定制专属于个人的个性化笔记本。这样一来既满足了用户不同层次的需求，也拓宽了商品的边界，让商品更具生命力。

再比如小米在智能手机上取得成功后，逐步地扩充了产品线，形成了小米生态圈。小米生态体系下拥有手机、电视、冰箱、智能手环、音箱、扫地机器人、电子安防设备、智能灯具等几十类产品，极大地满足了用户的多元化需求，也让"米粉"们有了归属感和认同感。

产品矩阵化能够建立起丰富的产品线，一方面满足消费者的多元化需求，另一方面，也让消费者在有需求的时候能够更多地选择企业产品矩阵内的产品，极大地提升企业在市场中的竞争力。

产品五品

品牌思维

  品牌思维是企业在品牌塑造过程中所需要具备的一种思维方式。它不仅要求企业精心构建一个具有辨识度的品牌身份，还需要通过不断创新，来适应不断变化的消费者需求和市场趋势。同时，企业需要致力于维护品牌声誉，确保品牌价值的长期稳定增长。

建立品牌识别——打开知名度

  构建品牌思维，首先要建立品牌识别，也就是说要让消费者知道品牌的存在，从品牌名称、品牌视觉、品牌定位、品牌营销等环节着力，形成自己的品牌特性，从而打开品牌的知名度。

  例如，银耳作为传统的东方滋补品类，有着丰富的营养价值，倡导银耳养生及健康生活理念的品牌金燕耳，最初在品牌视觉、品牌特性、品牌辨识度等方面都存在优化和提升的空间。

  因为银耳品类以女性消费群体为主，所以洛可可设计团队针对消费人群的消费心理及行为，结合品牌策略及调性对金燕耳进行特有的品牌创新与设计。经调研分析后，设计师寻找到了突破点，打破传统滋补品给人的印象，塑造更具文化感与东方韵味的高端视觉形象。在LOGO设计上融入东方凤冠的概念，用宝石凸显金燕耳自育银耳的珍贵，同时结合简化后的银耳外轮廓，体现品牌的东方典雅、高端精致，给人银耳胶质交融的温润感受。在产品包装上结合品牌视觉语言进行系统性的延伸与设计，保证每一款产品都能凸显出金燕耳品牌的视觉形象感知，打造品牌的系列化产品与包装形象。通过这一系列品牌设计,最终实现了为金燕耳品牌赋能,打响了其品牌知名度。

金燕耳品牌设计案例图

产品五品

构建强有力的品牌识别可以帮助企业有效地打开知名度，进而在竞争激烈的市场中脱颖而出。值得注意的是，在建立品牌识别时，一个好的品牌故事可以加深消费者对品牌的认知和与品牌的情感联系，吸引更多的消费群体。因此，在构建品牌识别时，企业可以在品牌故事上做一些思考。

持续品牌创新——提高认知度

要想实现产品到品牌的质的飞跃，需要做的就是通过持续的品牌创新来打造差异化，以此提高品牌的认知度。

以中国茶叶（以下简称"中茶"）为例。目前中国的茶叶市场有超过3000亿元的规模，但是这样庞大而历史悠久的市场，却没有领导性的品牌。隶属中粮旗下的中茶，有7万亩可控茶园，从源头开始有高品质茶叶的生产和加工体系，在全国有3万多个售卖点和1200家专卖店。

中茶品牌在茶客中有比较广泛的认知度，是一个完全实现了产品生命周期闭环生长的产品。但是茶叶和茶叶店的客户群体之前集中在老茶客和商务礼品市场中，更广阔的年轻群体对中茶品牌感知不深。传统茶叶销售中，渠道扮演着品茶行家的角色，预先帮助消费者进行挑选，但大量消费者反映最后还是处于对自己所购买的产品并不十分了解的状态。只有少数老茶客在多年的不断学习中，找到了自己喜欢的茶品和信任的购买渠道。如何降低大众消费者了解和选到自己喜欢的茶叶的门槛，让更多年轻人喜欢上并持续消费中茶呢？中茶与洛可可发起中茶新零售项目，以茶叶产品销售为核心，探索年轻用户场景体验的零售模式。

4 商品价值观

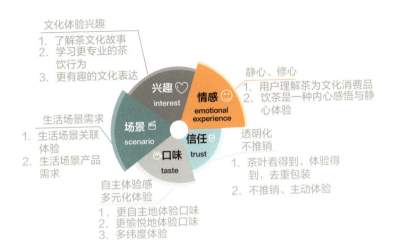

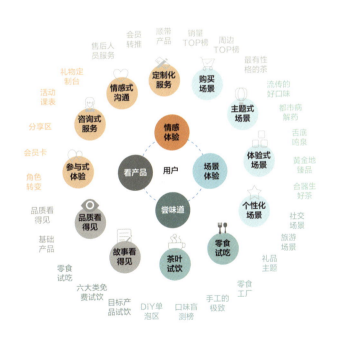

中茶设计策略

产品五品

洛可可设计团队根据调研画出的用户画像，确定了中茶新零售品牌定位——"茶生活方式的倡导者"，确定了中茶的新口号——"看见生活不同"，用年轻人能听懂的现代语言，描述出具体的茶体验，为每个想要了解茶的年轻人打开新的生活。在调研过程中，洛可可将用户分为小白用户、普罗大众、资深茶友、发烧行家等四个群体，因为不同群体对茶有着不同的了解和期待，以及购买认知和行为特征。在此基础上，洛可可协助中茶将产品线梳理成相应的四个系列，不同的产品系列切合不同层级的消费者的价值预期，并且根据四个产品系列设计了一百多款产品包装，引导消费者由浅入深地了解茶文化，消费适合自己的茶产品。此番创新实践，协助中茶重新凝聚了用户，提高了用户对于茶以及对于中茶的认知度。

中茶通过将用户分层，并结合不同层级的用户，设计出不同的产品。这一创新举动，在实现品牌差异化的同时，也极大地提高了品牌的认知度。

与中茶一样，作为一个有着十多年发展历史的休闲食品品牌良品铺子，也在激烈的零食市场中实现全新突破。不同的是，良品铺子是在产品包装上找到了新的落脚点。

多年来，良品铺子一直在思考：如何让品牌形象与时俱进？如何提高产品包装的吸引力，提高产品包装的识别度？如何与同品类品牌之间形成明显的差异性？洛可可的设计师通过了解用户在电商平台上挑选购买休闲零食的全流程，分析用户的需求，协助良品铺子重新梳理了官方店铺的视觉体验系统。调整之后，导航部分结合良品铺子原有品牌的元素，打造出彩虹铺帘的视觉呈现，形成一个超级符号，让用户产生情感化记忆，提高用户认知度，营造时尚有品质的轻松购物氛围。针对电商延展设计的痛点，重新梳理网站各版块内容信息层级，对各版块内容进行模块化设计，既提高了用户浏览和消费的便捷性，也方便良品铺子运营人员掌握和设计延展，提高了后台工作效率。

良品铺子品牌设计呈现图

取色	色值	场景
	#f39549	**【首页导航】**"坚果"栏目背景色
	#f7a25d	**【首页导航】**"坚果"栏目背景色亮部
	#e87551	**【首页导航】**"肉肉"栏目背景色
	#f08968	**【首页导航】**"肉肉"栏目背景色亮部
	#e8c548	**【首页导航】**"果干"栏目背景色
	#f2d25c	**【首页导航】**"果干"栏目背景色亮部

"坚果"应用色阶

"肉肉"应用色阶

坚果　　　　　　　　　　肉肉

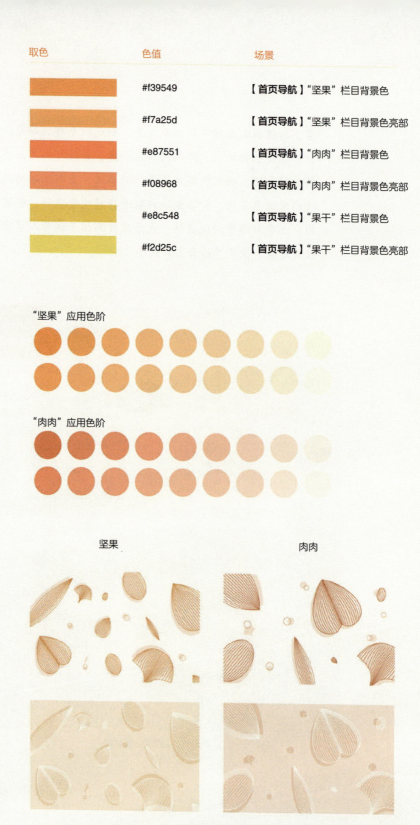

良品铺子模块化设计方案

取色	色值	场景
	#a6a946	【首页导航】"糕点"栏目背景色
	#bbbf5a	【首页导航】"糕点"栏目背景色亮部
	#939f45	【首页导航】"素食"栏目背景色
	#9eab4c	【首页导航】"素食"栏目背景色亮部
	#f5af4b	【首页导航】"会员"栏目背景色
	#ffbb5b	【首页导航】"会员"栏目背景色亮部

"果干"应用色阶

"糕点"应用色阶

果干　　　　　　　　　糕点

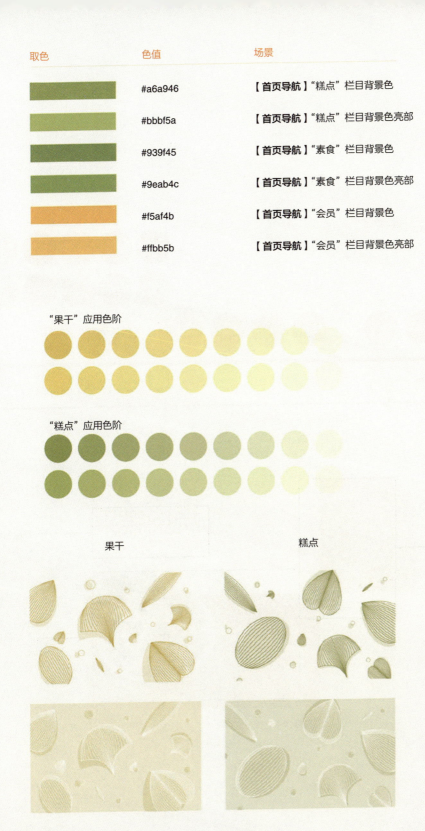

良品铺子模块化设计方案（续）

信息触点距离关系

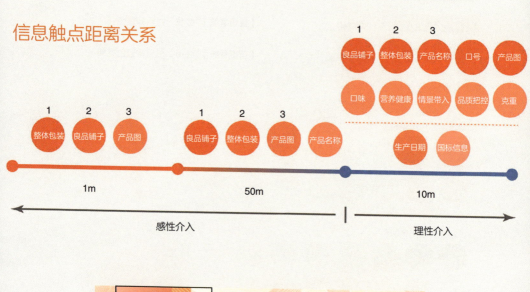

良品铺子品牌设计方案

随着市场的发展，消费者对品牌的认知和需求也在不断改变。企业需要始终关注消费市场的趋势，通过不断创新来打造品牌差异化，进而提升品牌的认知度。无论是通过哪种方式来打造品牌的差异化，都需要从消费者需求出发。

加强品牌维护——打造忠诚度

当品牌有了一定的知名度和用户认知度时，就需要考虑该如何做好品牌维护，打造品牌的忠诚度，以此来增强用户黏性。

品牌维护的终极目标，就是要成为消费者在提起某个品类的时候，第一个联想到的品牌。例如提到火锅首先想到的是海底捞，提到气泡水首先想到的是元气森林，提到白酒首先想到的是茅台，提到咖啡首先想到的是星巴克……

品牌忠诚可以给企业创造多项价值，例如降低营销成本、产生贸易杠杆力、吸引新顾客、减缓竞争威胁等。如果品牌专注于提高客户的品牌忠诚度，与客户建立了稳定持续的双向互动关系，客户将主动积极了解品牌信息、体验品牌产品，品牌也将获得及时且高质量的用户体验反馈。在这样的正向驱动下，品牌的良性建设与发展由品牌方与客户共同塑造与推动，将持续推动利润增长。

乐事薯片自1993年进入中国，用30年的时间不断缔造着具有中国特色的美味传奇故事。为了能持续吸引用户，提高用户的忠诚度，乐事薯片从包装到产品都在持续更新。为了能从琳琅满目的产品中脱颖而出，让用户一眼就被吸引，洛可可的设计师通过系列化的包装设计，满足细分市场不同形态的需求，帮助乐事薯片在品牌美学上完成了一次重要

产品五品

升级。针对年轻人的喜好,打造了常规系列、MAX极限运动系列和自然清爽系列三种不同的包装,凸显了年轻人个性、自我的性格特征。用年轻化的视觉语言与消费者进行对话,激发了消费者的购买欲,使乐事薯片在激烈竞争的市场环境中脱颖而出,创造了高销量。乐事薯片也通过此次的品牌创新升级,提升了用户对品牌的认知度,增强了用户的黏性。

乐事薯片三个系列的不同设计图

在竞争激烈的市场环境中，消费者的需求和期望不断变化，企业想维持和消费者之间的情感联系，就需要时刻关注市场的变化和趋势，积极倾听消费者的反馈和需求，并根据消费者的反馈和需求，及时调整品牌策略以保持品牌的活力和吸引力。

场景思维

我在这里说的"场景思维"并不单纯指用户场景，而是指全域场景。

新商业架构师张琦曾提出过"天地人网"的概念，即天网、地网、人网，其中天网是传播，地网是转化，人网是分享，"天地人网"指的其实就是全域场景思维。

在渠道多样化发展的今天，品牌与消费者的连接散落在电商、O2O（线上到线下）、直营加盟店／专卖店、经销商等多个地方。单个地方并不能形成一个完整的用户画像，辅助企业驱动业务增长。因此商品应打通"全域"的营销触点，提供给用户连贯的品牌体验，充分发挥商品的全商业场景价值。

以抖音为例，2022年，抖音提出了"全域兴趣电商"的概念，即通过覆盖用户全场景、全链路的购物需求，满足用户对美好生活的多元需求。在全域兴趣电商环境中，短视频、直播等内容流是用户潜在兴趣的激发转化场，用户在这里深度种草，高效成交；商城、搜索等主动探索场景是用户已有兴趣的承接转化场，用户在这里找到固定路径，形成习惯，实现精准匹配和复购；用户的各类电商行为沉淀在店铺里，通过营销解决方案扩大全域流量，实现全局加速。这些

产品五品

场域之间形成非常好的协同，给用户"一站式"的最佳购物体验，满足用户对美好生活的多元需求。

围绕全域兴趣电商，抖音电商还进行了一系列业务布局，包括发力云零售，帮助商家打通线下生意；建设供应链云仓，为商家提供解决方案、履约保障，为用户提供更好的物流体验；针对头部品牌商家推出"DOU2000 计划"，同时继续推进针对新锐品牌的"抖品牌计划"，全面建设品牌阵地；针对全国的产业集群，打造百强产业带专项，规模化扶持产业带商家，助力区域经济发展。

随着直播、短视频带货的不断崛起，构建全域化销售场景对商品性企业来说至关重要。企业要打通线上线下数据壁垒，通过线上为线下引流、线下为线上提供体验和支撑的闭环销售模式，为消费者提供无缝衔接的购物体验。

第三节
商品型企业发展思路

随着时代的发展,很多传统品牌逐渐被新兴品牌取代,但同时,也有一些老品牌在新时代焕发了生机,实现了二次增长。

比如 2023 年 9 月,花西子眉笔价格争议事件之后,蜂花因推出 79 元洗护套餐成功出圈,再次引发关注,吸引了大量消费者进店下单,导致商品迅速断货。

这之后,蜂花迅速抓住热点,在社交媒体上积极与网友互动,在面对网友关于涨价的质疑时,蜂花实诚地回应"十年来也是涨过两块钱的",这种坦诚的态度增加了消费者的信任感,为品牌迅速积累了人气,商品销售额也出现了大幅提升。

新的时代,有新的打法。面对市场和消费者需求的变化,商品型企业必须重新思考、拟定新的发展思路，才能引领消费趋势，实现进一步的发展。

商品核心价值观

在讲解具体的发展思路之前，我们先要明确一个概念：衡量一个商品好坏的标准是什么？总结过去这么多年商品设计的经验，我认为优秀商品应该具备三个核心价值观：更好售卖、更好传播、更好流通。

更好售卖

衡量一件产品商业价值的高低，最直观的就是看它是不是更好售卖，是不是有更好的销售表现。这意味着商品需要具备吸引力和竞争力，以引发消费者的兴趣和购买欲望。商品要通过不断创新和改进来提供更高的品质、更好的体验和更合理的价格，以推动销售量和市场份额的增长。

更好传播

传播是向消费者传递商品信息和价值的重要环节，因此商品需要具备辨识度和独特性，以便在广告、营销和宣传活动中展示其独特的卖点和优势。商品还需要借助各种传播渠道和媒体，以扩大品牌知名度和提升消费者对其的认知度，从而增加销售机会。

更好流通

商品在从生产者到消费者的分销和交付过程中，也就是流通过程中，需要建立高效的供应链和物流体系，以确保能够及时、准确地满足消费者的需求。此外，商品还应该与零售商合作，通过渠道建设和合理的定价策略，提高产品的可获得性和销售渠道的覆盖率。这样在确保商品能够顺畅地流通到消费者手中的同时，提高销售量和利润。

以商品作为切入口的企业，需要思考如何把产品卖出去，如何把产品卖得更多，需要打通产品的市场，抢占产品的市场份额。我认为可以重点从以下三个方面入手。

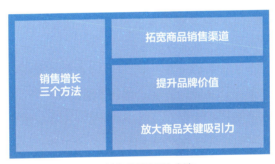

商品销售增长的三个方法

拓宽商品销售渠道

在如今激烈的市场竞争中，要想顺利扩大产品销售量，必须拓宽产品的销售渠道，使产品销售覆盖面更广，触达更多的潜在客户和市场，创造更多的销售机会和收益。

关于拓宽销售渠道，我认为可以从两点入手。第一，建设自身品牌形象。品牌形象是企业与产品在消费者心中的形象，要想让消费者更加了解和信任企业及品牌，必须打造出良好和独特的品牌形象。一方面可以通过广告、宣传、推广等方式提高品牌知名度和美

产品五品

誉度，另一方面可以从自身产品品质和服务等方面入手，提高客户的满意度和忠诚度。品牌形象的提高可以为企业产品销售和市场拓展带来巨大的帮助。第二，充分利用电商平台。现在越来越多的人选择通过电商平台购买产品，因此通过电商平台开拓销售渠道是可行的。通过在电商平台上开设品牌官方旗舰店或入驻天猫、京东、拼多多等平台，可以吸引更多的消费者，覆盖范围更广。现在各大电商平台都提供各种各样的销售、推广、营销工具，品牌方可以利用这些工具，进一步拓宽销售渠道，打通市场。

以景德镇陶瓷为例，目前景德镇的陶瓷已经形成了规模化产业，我们走在景德镇大街上，可以看到琳琅满目的陶瓷，有陶瓷艺术家匠心打造的工艺作品，也有陶瓷工厂标准化生产加工出来的陶瓷产品。无论是精雕细琢的作品，还是标准化批量化生产的产品，都让景德镇陶瓷产业欣欣向荣。此时陶瓷的产品生命力、产品价值量、产品价值链都非常强大，需要做的就是拓宽销售渠道，打通市场，让陶瓷产品有更大的生存空间。

2020年，受疫情影响，景德镇的陶瓷产业发展受到较大冲击，工厂停工停产、物流运输受阻、多地家居建材卖场关闭、展会延期……也正是这次"黑天鹅"事件的推动，陶溪川陶瓷文化创意园区转变传统的以线下为主的销售模式，登上了电商这列快车，成立了直播基地，促成抖音总部全国陶瓷直播产业带落户陶溪川。陶溪川直播基地通过"陶瓷＋电商＋直播"的模式整合资源，打造"独具特色、创新性强、服务创客、辐射产业"的超级产业生态链，改变了景德镇当地手艺人传统的线下销售模式，进一步拓宽线上销售市场，为景德镇本地的商户提供了互联网销售模式新思路。陶溪川直播基地自2020年8月成立以来入驻企业商户总数达到6000家，孵化陶瓷主播一万余人，帮助上万陶瓷商家从线下转向线上销售，一年完成了30多亿元的商品交易总额。

随着社会经济的快速发展，市场竞争日益严峻，在此种情况下，企业要想实现可持续发展，构建多元化的营销渠道非常重要。现阶段的企业，如果依然不重视创新，还采用呆板、单一的营销模式，再好的产品，再优质的服务，也很难在激烈的市场竞争中存活。

提升品牌价值

当用户在确定品类购买意愿时，会在渠道和媒介中遇到丰富的产品而难以选择，这时候，就要凸显品牌的价值了。

首先，提升品牌价值要使消费者能够看到差异。差异化是存在于消费者心目中的品牌属性，代表与其他竞争品牌的区分程度。构成品牌差异化的因素是复杂的，例如成为品类的领导者、品牌的专业度、独特的品牌定位、不一样的体验等都是品牌差异化的一部分。

品牌的第一个意义就是让消费者通过感官快速判断你的差异化，这来自你的定位。对消费者而言，你提供的差异化价值是什么？可以让消费者获得什么样的差异化体验？这些都需要品牌通过视觉系统、符号以及语言快速进行沟通。

比如，美团的标语"美好生活小帮手"既宣告了其新升级的品牌理想与品牌定位，也潜移默化地引导消费者对其功能与服务的认知。

再比如，李宁早期就凭借极高的知名度在"独特性"上占据明显优势，2018年纽约时装周的亮相，更是真正在产品力上拉开了与竞品的差异，在此后的几年间一步步由"国产"走向了"国潮"。

其次，品牌个性要与目标用户产生情感共鸣。

市场上不乏品质优良、功能丰富且实用但是却无法与用户产生情感共鸣的产品。品牌个性来自用户的情感认知，市场上的赢家往往不是先行者，而是能创造出情感共鸣的人。

作为智能语音音箱头部品牌的天猫精灵，虽然在内容上、功能上很难与其他产品产生差异化，但最终其凭借着和用户之间的情感联结，占领了市场。天猫精灵突破不同的人群，让每一个客户感受到这一款产品与自己是息息相关的，根据不同人群的用户特点、用户属性、使用场景做了不同的产品系统推送。有针对年轻人的"糖线"，有针对家庭用户的"屏幕线"，还有"女性线"的美妆镜创新产品。

例如天猫精灵曾推出过一款名为"布蕉绿"的产品，从设计语言上说，一方面是充分洞察到了当时的流行配色"原谅绿"，将年轻人在社媒上日常调侃的颜色变成真品，显示出天猫精灵强大的互联网网感。另一方面，"布蕉绿"和"不焦虑"的谐音，也很贴合现在年轻群体焦虑的情绪，体现出了品牌对目标群体的关怀，引发了年轻人的共鸣。

品牌打造过程中，做好"情绪价值"共鸣，将为品牌价值叠加发挥巨大作用。让用户在同品牌交往过程中获得"情绪价值"共鸣，才是品牌核心竞争力所在。

最后,要形成独特的品牌文化影响力。

卓越的品牌不仅仅是与用户共鸣,更是引领一代人的生活方式和价值观认知。

相比其他品牌更侧重产品卖点、产品定位的宣传话术,苹果公司在品牌推广中更愿意探讨更为深刻、宏大的问题,以此来将品牌定位为一个创新、反传统的形象。苹果在其推出的"1984"主题广告中将在PC端具有垄断地位的IBM比喻为小说《1984》中的精神控制者"老大哥",而苹果则是那个意图挑战统治地位的反叛方。1997—2002年,苹果推出了"非同凡想"(Think Different)广告战役。在"非同凡想"广告大片中,苹果向爱因斯坦、毕加索、约翰·列侬、鲍勃·迪伦等推进人类科技、艺术进步的人士致敬,以进一步阐释品牌希望改变世界的愿景。苹果品牌代表的不仅仅是一种风格与符号,更是一代人对创新的热爱。

品牌价值可以让消费者明确、清晰地识别并记住品牌的利益点与个性,是驱动消费者认同、喜欢乃至爱上一个品牌的主要力量。当企业的营销和传播活动都围绕着品牌核心价值而展开时,既能演绎出品牌价值,也能很好地提升品牌价值。

放大商品关键吸引力

我们处在一个产品爆炸的时代。商品之间激烈竞争的结果:产品大量过剩,用户面临过多选择。商品之间的竞争,已经全面进入

产品五品

了一个第一和唯一的时代，那些没有特色、没有特点的商品注定难逃被淘汰的命运。

放大商品的"关键吸引力"可以避开强有力的竞争对手，错开市场区域、错开热销品类等，在长尾市场寻找机会，使自己的产品在某些特征方面与更强的对手有比较显著的差异。避强定位策略可以避开竞争对手的关注，能够迅速在市场上站稳脚跟，并能在消费者或用户心目中迅速树立崭新形象。

> 例如七喜饮料一问世就将产品定位于"非可乐型饮料"，避免了与百事可乐、可口可乐的正面竞争。"非可乐"的定位使七喜处于与"百事""可口"对立的类别，成为可乐饮料之外的另一种选择。不仅避免了与两巨头的正面竞争，还巧妙地与两品牌挂钩，使自身处于和它们并列的地位，成为世界第三大软饮料。

还有一点要注意的是，提炼出的产品吸引力最好不要超过两个，因为太多的特点有时候反而就是没特点。

本章的最后，我总结一下如何创造商业价值和商品价值。

商业价值和商品价值是产品生命周期中的重要因素。关于提升商业价值和商品价值，我认为可以从以下几个方面着手。

第一，关注市场需求。产品商业化就必须关注市场，了解市场需求和痛点，以此为基础进行销售和营销。

第二，选择合适的销售渠道。销售渠道包括线上销售、线下销售、批发销售等多种形式，不同的商品有自己适配的销售渠道，所以需要根据商品的特点和市场需求，选择合适的销售渠道。

第三，品牌营销。品牌营销是商品销售的重要手段。商品需要通过品牌营销，提高知名度和美誉度，而品牌营销包括品牌定位、品牌形象、品牌故事等多方面内容。

第四，创新营销策略。创新营销策略可通过包括新产品推广、促销活动、社交媒体营销等多种形式。在营销策略上创新，一定程度上可以实现商品销售破圈。

第五，提高客户满意度。客户满意度是商品销售的重要因素。用户反馈是商品环节也需要考虑的部分，通过了解客户需求和痛点，提高客户满意度，并且迭代商品。

第六，商业化赋能。制品需要商业化赋能才能成为商品，商业化赋能是将制品转化为商品的重要手段。通过市场调研、产品定位、品牌建设、销售渠道建设、营销策略、客户服务等可赋能制品向商品的转化。

总之，商品环节需要站在商人和市场流通的角度，在将制品转化为销售品的过程中，考虑商品的定价、销售渠道、品牌营销等多方面的因素，以确保商品的货币价值最大化。

5 用品价值观

用品，作为产品生命周期中的关键一环，不仅是用户日常生活和工作的一部分，更是用户个性化需求和生活方式的体现。用户选择用品，是出于对产品功能满足、体验提升、个性化定制、社会认同、持续创新、社区归属感、环保可持续性以及安全可靠性的全面考量。

用品的价值在于它能够精准地解决用户的实际问题，提供卓越的使用体验，并通过不断的技术创新和社区互动，提高用户的满意度和忠诚度。在提升产品的市场占有率的同时，也推动企业的长期、可持续发展。

随着科技的不断发展和人们生活水平的提高，人们对于产品的要求也越来越高。用户需求具有两个特性：广义性和实效性。

用户需求的广义性是指用户在使用产品时所具有的多方面需求，包括用户的基本需求、使用场景、文化背景、情感需求等方面。

用户需求的实效性是指用户在使用产品时所具有的实际需求，包括用户的使用习惯、心理预期等方面。

在产品设计中，需要从用户需求的广义性出发，了解用户的多方面需求；同时，也需要考虑用户的实际需求，以此来提升产品的用户价值。

而用户价值除了物质功能价值外，人们对于产品的精神情绪价值也越来越重视。如何打造兼具物质功能价值和精神情绪价值的产品，成为产品设计的重要课题。

具体来说，产品的物质功能价值是指产品所具有的基本功能和使用价值。产品的物质功能价值是产品设计的基础，也是用户购买产品的主要原因。产品的物质功能价值包括产品的性能、功能、质量、价格等方面。在产品设计中，需要从用户需求的广义性和实效性出发，了解用户的基本需求和使用场景，以此来确定产品的性能、功能、质量和价格等。例如，对于年轻人来说，手机的性能和功能比较重要，而对于老年人来说，手机的易用性和价格比较重要。

产品的精神情绪价值是指产品所具有的情感价值和文化价值。产品的精神情绪价值是产品设计的重要方面，也是用户购买产品的重要原因。产品的精神情绪价值包括产品的品牌、设计、文化、情感等方面。在产品设计中，需要从用户需求的广义性出发，了解用户的情感需求和文化背景，以此来确定产品的精神情绪价值。例如，苹果公司注重产品的外观设计、用户体验和品牌营销，其品牌形象、设计风格、文化内涵等方面都深受用户喜爱，产品具有很高的精神情绪价值。

在本章，我会为大家阐述用品价值的重要性并从用户视角出发，探讨用品打造的方式，以及用品型企业的发展思路。

第一节
用品价值

产品其实就是各种需求的总和。而衡量一款产品是否具备产品价值，首先要看它是否能够满足人的普遍需求，这就是产品的用品价值。用品价值可以分为功能价值、情绪价值和社交价值。

用品价值的三个方面

功能价值

用品的功能价值是其最直接和基础的价值体现，指的是用品能够解决用户的实际问题，满足用户的基本需求。用品的功能价值直接关系到用户是否会选择并持续使用一个产品。

所以，在设计用品时，企业就要注意到实用性、效率、可靠性、安全性、易用性和可维护性等几方面。

比如，洛可可和RITKIT慢阶联手打造的音乐家套装，设计初衷是为解决演奏者在舞台上遇到的一系列问题，包括灯光太暗看不清谱面、谱架上杂物堆太多不好翻页、安装了太多配件导致谱架又重又不牢靠等。

为了解决这些问题，洛可可的设计师从多方面进行了设计，最终将乐谱架、节拍器、收纳盒和谱架灯等必要配件整合成一个既实用又美观的套装产品。

音乐家套装一问世，就得到演奏爱好者的追捧，并因其实用性和创新性，在2023年荣获"红点至尊奖"和iF产品设计奖。

充分了解用户痛点和需求，并以此为出发点去研发和生产，才能打造出满足用户期待的好用品。也只有得到用户认可的用品，它的功能价值才算真正意义上发挥出来了。

情绪价值

情绪价值是指产品满足人的精神层面的需求。

物质基础决定上层建筑。当人类的物质需求得到充分满足，就会追求精神需求，于是就出现了用品价值的第二个部分：情绪价值。情绪价值按照基本的价值性质，可以分为美与丑的美学价值，正确与错误的对错价值，以自身为目的的纯粹知识的认同价值。虽然真、善、美、身份认同、兴趣、情感等精神层面的价值是抽象的用户需

产品五品

求,但可以落地到具象的产品物质形态上。

分享一个我自己的真实案例。刚开始创业时,我的团队只有四个人。有一天我接到一个客户电话,要我设计一款指甲刀,每把要卖40元。在亚运村一间破旧的民房改造成的办公室里,我听到客户提出这个"离谱"的要求时,一度感觉不可思议。我当时觉得这笔生意不太靠谱,但客户却告诉我,这款指甲刀做好的话,获红点奖的可能性非常大,并给我列出了几个对标品牌让我去看一看。

回去正好路过国贸,在商场地下一层我看到了一个卖指甲刀的品牌——双立人,看到价格的一瞬间我仿佛被子弹击中,动弹不得,因为那款指甲刀价格是2000元。那是17年前,我当时一个月的工资也只有4000元。我一度以为是自己眼花看错了,在店门前站了整整一下午,更加不敢相信自己的眼睛——因为有4个人进店购买了这款指甲刀。我也是第一次意识到,哪怕只是一把小小的、简单的指甲刀,也能卖出高价。紧接着我回去上网搜索了几个有名的指甲刀品牌,又搜索了一下往届红点奖名单,我发现,赚到人生第一桶金的机会来了。

在我的搜索结果里,我发现指甲刀是一个非常容易获奖的产品。我开始思考,为什么自己的第一反应是指甲刀卖不了40元一把。

在这个过程中,我重新构筑了自己对于产品的定义。以前我认为指甲刀是一种家庭卫生工具,但客户让我做的指甲刀其实是一种时尚生活用品。就像男生背包可能只作为包使用，但女生背的包却是作为奢侈品存在。想通这一点后，我兴奋地找到了这位客户，商议后决定设计两款产品，一款给女士用的卖40元，一款给男士用的卖80元。

在构思设计环节，我给了自己几个设想，我想要做轻薄小巧的指甲刀，要做绚丽感十足的指甲刀，要做柔软的甚至是温暖的指甲刀。于是我在指甲刀上加入了皮质材料，又给它赋予了不同的颜色，在皮质的背后又添加了一层磁粉。当我把这款指甲刀送给一个女客户使用的时候，对方表现出的喜爱让我意识到，自己做对了。

指甲刀设计案例图

产品五品

在这款指甲刀正式推向市场后的第一年，就卖到了行业第一，成了爆款。随后我略带忐忑地把这款产品寄到了德国埃森，投了红点大奖。在三个月后我收到了一封邮件，告知我获奖了。这也是中国设计师第一次获得红点大奖。

除了具备指甲刀的基本功能价值外，独特的设计理念和时尚的外观，让这款产品还具备了一个时尚饰品的情绪价值。

有时候，在产品设计中融入一些情感元素，采用具有象征意义的符号或图案，也能激发消费者的正面情绪。

比如永璞咖啡的品牌超级符号——"石端正"，是由中国传统的"守护神"石狮子演变而来。这一设计不仅体现了品牌的中国基因，也具象化地传达了品牌的价值理念。为扩大影响力，永璞咖啡还围绕"石端正"IP开发了咖啡的周边产品、盲盒等。同时，永璞咖啡与纽仕兰牛奶的联名产品"云朵咖啡馆"，将咖啡与牛奶完美结合，为消费者带来了全新的体验。这种跨界合作不仅满足了消费者对多样化口味的需求，也提升了永璞咖啡的品牌形象和市场地位。让永璞咖啡快速成为年轻消费者心目中的首选饮品之一。

总之，情绪价值是用品更高层次的价值，它能够触动用户的情感和内心，增强用户对产品的信任感和依赖度，从而提高产品的竞争力。

社交价值

有一句话说得好，"优秀的产品赚取利润，伟大的产品赢得人心",所谓的"赢得人心",靠的就是口口相传的分享。

社交价值对产品的影响是不可忽视的,它既可以塑造产品形象,提升产品价值,又可以扩大产品的知名度和影响力,影响用户的消费决策。

比起产品的宣传广告,用户往往更愿意相信其他用户的评价。如果一款产品获得了大量用户的积极评价,那么用户就会对该产品形成正面印象;相反,如果该产品充斥着大量的负面评价,那么用户对该产品的初始印象就会变差。

社交价值是一种传播红利和流量来源,不仅能自传播,还能自转化。基于朋友、熟人圈的推荐,具有无可替代的坚实背书能力和裂变能力,能有效降低营销成本。

例如2023年腾讯视频推出的短剧《漫长的季节》,该剧前期并没有进行过多的宣发,也没有当红流量明星的加持,但最终凭借扎实的剧本、精湛的演技、极力还原充满年代感的服化道,赢得了观众的口碑,网友纷纷转化为"自来水",使得该剧最终成了年度爆剧。

口碑产生的基础是和用户交朋友,倾听用户意见,深刻了解用户需求。

比如小米MIX的第一代产品,在设计之初并没有考虑销量和利润,而是探索"五年后的手机是什么样子"。这款手机是全面屏手机的开山之作,被业界评价为"指明了未来手机发展的方向",虽然机身采用了精湛的工艺,但是价格

产品五品

依然走的是亲民的路线。这款产品一经发布,就获得了巨大的关注。虽然它的研发成本很高,实际利润也不可观,但它带来的巨大的口碑价值却是不可估量的。

"酒香不怕巷子深",产品优秀的品质、独特的魅力,会让拥有过它的用户,自然而然想去分享。这种基于真实体验的分享,往往比传统的广告营销更具说服力,更容易引起潜在消费者的共鸣和关注。当产品有了越来越多的分享者,无形中就帮助产品实现了口碑传播。

第二节
用品思维

用品思维听起来非常简单，做起来却并非易事。关于构建用品思维，我在《产品三观》一书中提到过五个模块，分别是用户视角、用户场景、用户共创、用户服务、用户体验。

用品思维的五个模块

用户视角

用户视角要求我们一切从用户出发，从用户的角度看问题，设身处地为用户思考。传统产品打造讲究"同理心"，也就是需要产品经理学会换位思考，将自己切换到用户角度，去领会用户的情感以及心理和物质上的深层需求。但是今天的用户已经不仅仅满足于产品功能或服务，而是希望能够全面参与。因此如今的用户视角要求我们做的并不是简单地跟随和观察用户，而是要学会与用户建立各式各样的连接。

举个较为常见的例子，很多营销人员对用户视角就比较陌生。当我们逛街买东西的时候，大部分店员一上来会推介他们的产品如何好，有哪些新特性、优惠等，这些其实都是从店员自身视角出发，没有站在消费者角度，也就是"同理心缺乏"。

相反，如果店员先大概了解客情，然后再针对消费者想了解或者在意的信息做推荐，可能更容易获得认同和成交。换句话说，用户视角，是"他想要"，而不是"你想给"。

转化为用户视角，并且把用户视角植入产品创新的每个阶段，是构建用品思维的第一个挑战。

在产品过剩、人们的选择权得到充分释放的今天，用户已经变得更有想象力，更有自己的见解，他们不会因为你的一个广告就为你的产品买单。所以，我认为这个时代里产品打造应该围绕用户进行，我们要站在用户的立场去发现需求和建立场景。得用户者得天下，只有真正懂用户、通过用户去创造产品的人才能在残酷的市场竞争中脱颖而出。这就要求我们从用户视角出发，真正做到以用户为核心，去赋能用户、成就用户。

关于用户视角，我想和大家分享一个小故事。有一天，我和女儿一起逛街，突然女儿想要去卫生间，当时我们附近有好几家中餐馆都有卫生间，但是女儿却坚决要去500米外的麦当劳。我问她为什么，她说不在餐馆里消费她不好意思去那里借用卫生间，但是麦当劳不同，那里即使不消费也可以去卫生间。

为什么会出现这样的差异？归根结底就是因为早期的中餐馆和麦当劳的经营视角不同，早期许多中餐馆的经营是典型的消费者视角，我们在它那里用餐、消费，我们才是它的用户，我们才有权利享受它提供给我们的一切服务，包括去卫生间，我们和它的联系是建立在"消费"的基础之上。但是麦当劳不同，即使我们不在那里用餐、消费，我们只是在那里暂时休息，暂时借用它的设备，我们也是它的用户，这就是用户视角。

消费者视角重营销，而用户视角更多的是注重沟通，注重和用户关系的经营。麦当劳、肯德基店中永远存在因为休息而停留的人，甚至会有一些人将随身携带的食品、饮料拿到店中享受，即使是用餐高峰期，麦当劳的工作人员也不会驱赶这些人，在他们看来，这些人都是他们的用户。虽然这样会对店中翻台率造成影响，但是麦当劳却成功赢得了这些用户的好感，和这些用户成了朋友，这就为它之后的销售空间的拓展打下了基础。这就是今天的麦当劳即使销售豆浆、油条也同样有人买单的主要原因。这就是用户视角的魅力。

用户视角是以人为核心的，让用户去主导决策。在这个过程中，销售倒成了其次，关键是要经营好跟用户的关系，这样才能带来更多的互动和连接，以及更丰富的机会。

产品五品

用户场景

传统的应用场景是指特定时间、特定空间的具体消费场景，但到了数字时代，场景被赋予了新的功能——产生大量新数据。用户聚集产生数据，同时数据又带来更多的用户聚集。

如今，数据的计算已经进化到可以推导出用户的潜在需求，然后我们可以基于一个个细致、准确的未来生活场景的构建，让这些用户需求变得真实可见。

比如我们可以想象一下，未来的汽车是什么样的。今天的汽车，已经不再是一种单纯的交通工具，它更像有车轮的智能手机，在不同的场景中，都有新的身份。我们在新能源汽车的智能网联设计中，对未来汽车场景的探索是这样的：它可以在车快没电的时候帮你找到下一个充电桩的位置；在到达充电桩之前，系统早已为你推荐好充电桩周边有哪些美食、娱乐等消费场所。同时它可以在汽车出问题的时候，通知呼叫中心或最近的维修点来帮助你。甚至当用户撞车受伤的时候，智能后视镜会立刻接入服务人员，快速询问车祸状况和用户的受伤情况，随后系统还将迅速接入人工诊疗端口，联动医生在线帮助诊断。如果是可以自行处理的轻伤，智能后视镜会告诉你处理方法并提供贴心的心理辅导。而在服务的最后环节，它还会接入保险理赔人员并且尽快处理完理赔流程。

工业时代产品往往是孤立存在的，而今天，产品和场景、用户共同存在，数据的出现使我们可以更精准地掌握用户需求，从而创建更全面的智能生活场景。

任何时代的商业交易行为，基本都围绕人、货、场三个主要因

5　用品价值观

素进行。这里的人，指交易双方；货，指交易的产品或服务；而场，就是用户场景。

用户场景是否真的那么重要？答案是肯定的。因为一件产品在不同场景使用的效果是不同的，场景本身也是产品的一部分，不能脱离场景去看产品。比如我们为用户设计了一双非常漂亮且功能强大的溜冰鞋，用户非常喜欢这双鞋，但是却从来不去溜冰，没有机会使用，那么用品本身的价值就无法得到具体体现。所以，如果我们将产品设计和用户场景割裂，就会很容易脱离用户，陷入传统的闭门造车式的设计误区。构建完整、真实的用户场景，可以帮助我们更快、更精准地掌握用户需求，同时使产品的功能更全面。

用户对于产品的需求，一定和其具体的使用场景相关联。基于场景去分析用户，有利于我们更快、更准确、更全面地挖掘出用户的真正需求，从而打造出更令用户满意的产品。

举个最简单的例子，大多数智能手机来电时，手机处于锁屏状态和未锁屏状态下，接听界面是有区别的。锁屏状态下选择接听的方式大多是滑动接听，而未锁屏状态下是点击选择接听或拒绝。这样设计的原因很简单，锁屏状态下，大多时候手机没在我们手上，常常被放在包里或兜里，这时如果显示点击选择方式，误触率极高，而未锁屏时手机通常处于使用状态，误触率较低，这时点击选择的方式就比滑动更为方便、快捷。

千万不要小看这一设计，如果不把产品放到具体的用户场景中，相信很难设计出这一功能。在用户场景的构建中，用户始终是核心。不同的时间、地点、使用场景，用户对于产品的功能要求是不一样的。如果脱离用户场景去打造产品功能，我们很可能由于思虑不全

产品五品

而漏掉很多功能，由此失去一大批用户。

因此，要想做出一个好用品，有一个必要条件就是需要将产品放到具体的场景中去思考。场景中要包含时间、人物、地点、故事等信息，这样，你才能感同身受，使你的用品获得更多忠诚的用户。

用户共创

用户共创就是与用户一起进行产品创造。过去的产品创造一直以产品经理、设计师为主导，而在崇尚用户思维的今天，因为信息扁平化，场景把大量用户聚集起来，用户可以在不同的空间中讨论同一件事情，从而产生了极强的创造性。用户在场景中聚集产生的数据流产生了共创，这就是用户创造产品。

用共创的方式打造产品，不是以专业产品经理的角度去分析、猜测用户会需要什么，而是把产品经理、产品生产者和使用者等所有的利益相关方聚集到一起。通过用户群体的扩大，产品可以不断优化、趋近潜在需求。同时，在产品打造过程中各种相关利益方的接触点也更加清晰化、具体化。

创造力崛起的时代，用户期望自我管理、自我掌控，他们不甘于接受规则和结果，更积极地表达认知。互联网的发展在一定程度上实现了信息对称，给予了用户更多的选择权，所以今天市场的主导权已经逐渐从企业过渡到了用户身上。让用户决策，充分释放用户的主动权，往往能够帮助企业创造更多的价值。

用户视角要求大家从用户的角度去思考产品的创新，根据用户的实际需求去改进产品。这听起来容易，但要实现真正意义上的同理心却很难。理解一个人容易，但理解所有用户很难。因此，在实际创造过程中，我们要想进一步接近用户，除了从外围观察用户，还要重视与用户的交互，让包括工人、设计师等在内的所有潜在用户都能够直接参与到产品的创造中来，使用户主权得到充分释放。所有人都拥有用户视角，才能真正叫用户视角。

很多人在听到用户抱怨自己产品的不足时，第一反应是为自己辩护，总想用"我感觉""我认为"来说服对方。事实上，这种主观创造思维和行为本身就极大地限制了我们的创造思维。所有的产品一定是和用户相关联的，所以"我觉得"并不重要，重要的是"我们觉得"。企业应该想办法将更多的主动权交到用户手上，让用户主导产品创造。

人是感性动物，一个人如果对某个设计投入了大量的感情和心血，就很容易对这款产品产生期待，当产品推出以后，其购买的可能性就会更高。所以亲自参与了产品设计的用户，通常更愿意为产品买单，而且不仅自己愿意用，还愿意推荐给别人。

用户服务

当今最大的改变是从产品时代转变为服务时代，服务的节点比产品丰富得多，且不一定需要拥有产品。工业时代的产品都是小产品，需要批量化地对外宣传。信息时代的产品是大产品，强调社交，强调服务，同时，服务也是产品不可分割的一部分，更是用户观中非常重要的一个因素。产品的交易时间很短，但服务却是一个持久的过程。很多时候，用户真正需要的不是产品，而是直抵内心的服务。

产品五品

从宏观角度讲,经济的发展让今天的社会进入了一个资源竞争和产品过剩的时代。人们的物质需求得到了极大的满足,开始从生存需求转向更高层次的精神需求。人们需要的已经不是单纯的产品,还有产品背后的服务。

分享一个案例。法国公鸡(Le Coq Sportif)品牌诞生于法国,但是真正使其风靡的却是它在日本的代理商。该品牌在日本颇受欢迎,我觉得这和品牌在服务上的精细打磨有着非常直接的关系。相信去过日本的人,大多会对日本的服务业有着较为深刻的印象。日本的各个行业都包含着很多隐性服务,这些服务并不一定会给你营造一种非常惊艳的体验,但会给你带来一种舒适的感受。法国公鸡在日本的首家店位于东京原宿,该店在门口有一个斜角,提供了几把椅子卖咖啡。虽然是个运动品牌店,但是看起来却像是一个便利店。除了相关的运动商品,里面还出售健康的饮料、低热低糖的烘焙食品等,甚至专门设置了一个以鸡蛋为主的食物及饮料窗口,该窗口的负责人是日本著名甜点师后藤裕一。此外,该店内还为消费者设有专门的自行车位,你可以在这里买完产品再推着自行车走。店的规模并不大,但是整个动线设计都是围绕服务体验进行的。除此之外,店内播放的背景音乐也会随着时间的不同而进行调整。比如早晨能听见做早餐、煎鸡蛋的声音;中午放的是环法自行车赛的广告背景音乐,可谓激情澎湃;到了晚间会播放一些舒缓的音乐。在相同的空间,通过音乐去感染进店人的氛围和感知。男更衣室和女更衣室店内分别放置了不同的熏香,而且上午和下午的香味也不相同……

总之,围绕用户体验和潜在需求,在日本的法国公鸡为用户提供了一系列服务，使得服务充斥于店内的每个角落、每个时刻、每个流程，让来店的顾客感到非常舒适。

同质化越严重，用户服务就越重要。同样的产品，第一家店里的销售人员态度散漫，对产品性能和参数一知半解；第二家店里的销售人员积极热情，能提供专业的产品介绍。相比之下，用户无疑更愿意选择第二家。

当然，服务不仅在销售过程中，良好的售前咨询、可靠的售后服务，都是吸引消费者、留住消费者的利器。

用户体验

这是个体验至上的年代，用户体验决定产品生死。

我们常说，用户即体验，体验即用户。用户即体验，指用户最后所追求的就是好的体验。在用户选择权得以充分释放的今天，用户消费很大程度上追求的就是精神上的愉悦和良好的消费体验。今天的产品第一个要跨越的就是用户鸿沟，之后才是服务鸿沟、体验鸿沟。体验即用户，简单来说就是体验好就能聚集用户。

良好的用户体验，就是要让用户觉得这款产品简单、好用，能够满足用户的需求，这才是用户购买商品的根本驱动力。体验是消费行为的催化剂，只有为用户带来令其满意的体验，才能增加用户对于产品的认可度和忠诚度，从而形成真正意义上的好用品。

在今天这个泛产品化时代，我们常常探讨用户体验，那么用户体验到底是什么？许多人认为，用户体验更多的是关乎产品的可用性、易用性。而实际上，用户体验远不止"能用"和"好用"，它还关乎用户的主观感受。

狭义的用户体验是指用户对某款产品的五官反馈和易用性的主观感受，这是一种比较普遍的认知；而广义的用户体验是指用户对某款产品在使用之前、使用期间和使用之后的全部感受，包括情感、信仰、喜好、认知印象、生理和心理反应、行为和成就等各个方面。加瑞特在其著作《用户体验的要素》中这样定义用户体验：用户体验是指产品如何与外界发生联系并发挥作用，也就是人们如何"接触"和"使用"产品。据此我们可以看出，用户体验的主体是用户，对象是产品，关键在于用户接触和使用产品过程中所建立的感受。感受是主观的，因此用户体验也是主观的。

愉悦感对于用户体验提升具有很大的作用。愉悦感产生的前提往往就是用户已经沉浸其中并且产生了心流，而心流的产生同时会迸发出高度的兴奋感和愉悦感。通过设计为可用的产品增添令人愉快的体验，同用户产生情感缔连，这才是用品思维打造最需要考虑的事情。只有为用户带来最优质的体验，让用户感受到真正的愉悦，产品才能真正走进用户内心。

用户视角、用户场景、用户共创、用户服务以及用户体验是构建用户观不可或缺的五个重要模块。用户观讲究体验至上，所以用户观的构建最终还是要回到用户感受上来。

以海底捞自嗨锅为例，海底捞自嗨锅首先从用户视角入手，挖掘用户在家享用火锅的需求。在这样的背景下，海底捞自嗨锅的设计团队开始尝试打造新的需求场景，以实现火锅场景的延展，将火锅用餐场景由餐厅延伸到家庭等其他地方。在具体设计过程中,为了更好地了解用户需求,更加深入探索用户真实的消费和使用习惯,设计团队不仅选择了适当的用户群体进行大量的用户调研问卷,还通过数据分析等多种方式来探寻用户的真正痛点,并针对产品结构、体验、视觉等方面广泛征询用户建议,让用户参与到产品的设计和优化中来。

为了延续海底捞一贯的服务理念,海底捞自嗨锅尽可能减少用户的操作步骤,最终将复杂的火锅食用过程简化成了五步。通过结构设计使加热包和水反应所产生的热能得到最高效率的利用,比如底层盒子采用了超大四汽道加热工艺,使加热效率显著提升,以最大限度地提高加热速度,减少用户的等待时间。简单、高效、安全,由此给用户带来了良好的体验,使海底捞自热火锅从同类产品中脱颖而出,加深了品牌在受众心目中的印象。

在网购成为主流的今天,用户体验会通过一个"好评"或"差评"更快速、更直观地被潜在用户看到。企业在做好产品和服务的同时,也要密切关注用户体验,让更多的"好评"吸引消费者,而不是让"差评"把潜在用户挡在门外。

第三节 用品型企业发展思路

在消费者需求日益多样化、个性化的今天，究竟什么样的用品能够扣动消费者心灵的扳机呢？

严格来说，这个问题并没有标准答案，毕竟每个行业都有自己的特殊性。但至少，这么多年的设计工作经验，让我明白消费者的需求正在向什么方向变化。虽然给不了大家明确的答案，但却可以说明一下用品设计的大方向，也就是接下来我们要详细讲到的用品核心价值观。

用品核心价值观

用品的核心价值观，说白了就是当下消费者的主流需求，我总结了五个方面：更健康、更方便、更好看、更文化、更便宜。

用品核心价值观

更健康

工业时代,我们其实强调的是更高效:洗衣机怎么更高效地洗干净衣服、汽车怎么更高效地让人们从一个地方到另一个地方、机器怎么更高效地生产出产品……

但是在高效生产的同时,健康也越来越被人们关注,成为人们生活中非常重要的一部分。人们选择健康食材,倾向于选择有机食材或者无农药食材,避免使用化学添加剂等对人体健康不利的成分;选择通过科学搭配,保证产品的营养均衡,吃得更健康;选择健康生活方式,接受健康知识、参与健康活动等。因此,对于大多数消费者来说,是否健康成为选择产品时非常重要的参考因素。企业可以通过多种方式来提升产品的健康价值。

尤其是后疫情时代,越来越多的人意识到健康的重要性,"共建共享、全民健康"成为新时代建设健康中国的战略主题。人们开始关注自己的生活质量与身体健康,从全民健身、朋克养生、保温杯里泡枸杞等热潮的出现,到社交媒体上关于年轻人敷最贵的面膜熬最久的夜、科技养生及健康餐饮等问题的讨论,以及在城市中打拼的年轻人因生活节奏快、工作压力大、竞争激烈等现象,让"大健康""亚健康"等新概念应时而生。有关健康的产品如家庭健康、医

产品五品

疗健康、饮食健康等呈现爆发式增长。相较于更高效,更健康仿佛才是这个时代的最强音,而主打健康的产品也成了市场上的新宠。

元气森林就准确地抓住了这一趋势,一上市就主打"无糖、零卡"的健康牌,迅速圈粉。元气森林以"健康"为品牌基调,推出"0糖0卡"的系列饮品,契合目标人群追求健康的生活方式。作为当时市面上唯一聚焦于健康饮品的品牌,元气森林将"0糖0卡"的概念进一步与品牌深度绑定,作为品牌的核心内容策略,在之后的营销层面进一步扩大,奠定了品牌在消费者心目中的独特地位。

在竞争已然进入白热化的新能源汽车赛道,最新入局的创维汽车,也另辟蹊径,主打"健康"理念,通过差异化竞争踏出一条新路,在业内站稳了脚跟。

创维汽车的目标人群是广大的创业者们,创始人黄宏生表示,因为看到了大量创业者们"不健康"的创业状态。在许多次企业家聚会上,黄宏生都明显感觉到,大家对创业者的意外死亡普遍深感忧虑,所以将"健康"定义为创维汽车的核心价值,致力于把汽车智能座舱打造成"可进行深度睡眠与深度养生的第三健康空间",包括无须背光源、不含有害蓝光波段、能有效遏制视力健康风险的健康电视屏,专利级睡眠座椅,体感助眠乐曲、VAT体感音乐疗法系统等功能,实现了人耳可听音乐与非可听低频律动之间的协同,将16~150HZ低频音乐律动信号通过信号分拣装置隔离出来,并通过信号增幅器放大,将低频音乐律动信号转换成物理振动,将物理振动通过座椅触达车主,被人体传导感知。这一功能可让车主在车内小憩时,迅速消除疲劳,达到最佳的身心放松状态，以改善亚健康状态者的疲劳、疼痛、睡眠障碍等症状，解决"八千万创业者的精神焦虑和健康问题"。

当健康成为所有人的共同诉求，"更健康"的价值观自然也就成为产品迭代创新的导向。

更方便

在快节奏的生活中，方便成为用户在产品选择时的另一重要考虑因素。人们会选择简单易用的商品，操作简单易懂，使用起来更方便；会选择便捷的服务，线上预约、避免排队，让消费更加便捷；会选择减少消费的时间成本，对于用户来说，时间非常宝贵，通过选择优化流程、提升效率的服务和产品，节约自己的时间成本。

所以我们可以看到，从汽车到高铁到飞机，交通工具速度的提高让人们的出行越来越方便；从笨重的台式电脑到便携式的笔记本电脑，让人们的办公越来越方便；洗衣机、洗碗机、扫地机的出现帮助人们释放双手，使生活越来越方便……各种产品的出现与更迭，都是为了让人们的生活更加方便，这一点毋庸置疑。

尤其在当前社会经济高速发展的环境下，年轻人面临越来越大的生活和工作压力。即使在周末，多数人也只想舒适地宅在家里，消除工作了一周的疲惫。而在吃穿用度方面，他们越来越希望足不出户就能解决所有需求。"懒宅经济"也应运而生，消费者对产品便利性的需求越来越高。

以预制菜为例，这种将食材配以辅料经过预加工而成的成品或半成品，让消费者不用跑到外面的餐馆，也不用自己下厨，直接跳过洗菜、切菜、烹饪等烦琐工序，只需要简单加热，甚至是直接开封就能享受到一桌丰盛的美食，省时又省力，极大地满足了消费者对"方便快捷"的需求，也催生出了更大的市场。

近年来，我国预制菜市场规模不断扩大，并且从供应餐厅向供应家庭拓展，逐渐走进千家万户。数据显示，2021年中国预制菜市场规模超过3000亿元，预计到2025年会突破8300亿元。

从古至今，能为用户带来便利的产品永远都是有价值的。这一点，毋庸置疑。

更好看

人类都是视觉动物。在这个"好看可以当饭吃"的看脸时代，毫无疑问的是，"颜值"高高在上地站在了最顶端。请仔细回想一下：当你吃饭的时候，一份摆盘精致的食物是不是会很快刺激到你的食欲；当你网购的时候，同一个品类的产品，是不是大多数人会选择颜值高的那一个；在大街上遇见好看的人，大家是不是会忍不住多看几眼；橱窗里包装精美的小物件，是不是总会成为吸引你走进店铺的理由……而这种追求美的倾向也深刻影响着各行各业，成为一种产品打造的价值观导向。

在过去，产品最大的优势在于其是否能提供很好的使用价值，因而实用性是评判产品价值的核心。但是如今，实用性早已不是年轻消费者追求的唯一标准了，有颜值、有个性的潮流品牌才是他们心中的首选。我们已然进入了一个颜值经济大流行的时代，因而

"更好看"也成了产品打造的重要价值观之一。

像是中国李宁、泡泡玛特、花西子、元气森林、喜茶、完美日记等会受到当下消费群体追捧的很大一部分原因,是这些品牌掌握了颜值经济下的流量密码,通过高颜值的创新设计,吸引消费者的眼球。

以喜茶为例,它将年轻人喜爱的元素运用在门店设计上,让年轻人在时尚个性化的氛围中喝茶。高颜值的门店设计使其成为消费者社交打卡的胜地,还有各种原创茶饮也都凭借着高颜值赢在了起跑线上。

再比如花西子同心锁口红,在口红上设计了很多精致的雕花,一眼就能将它与传统口红区分出来,把好看做到了极致。

高颜值的产品往往代表着更加打动人心、更加舒适的生活场景,所以颜值经济的盛行,本质上体现的是人们对美好生活的追求与向往。在商品匮乏的年代,人们无暇顾及产品的外观。但如今,生活水平的提高为消费者带来了更多元化的选择,商品已经不再是一个实用品,更多的是传达了消费者的审美趣味、社交需求和生活态度。

更文化

"文化力"其实是产品的灵魂,产品的文化内涵也是影响消费者选择的重要因素之一。

消费者购买产品不再只是简单的对产品认可的行为,更是对产品背后的文化的认可和认同。例如我们购买国潮产品,是对中国传统文化的自信与认同。不难发现，现在的产品越来越重视文化性了，比如各大博物馆的文创产品、新国潮产品等都越来越强调中国的文化。

"更文化"拥有时间和空间属性，因为没有一个产品是脱离时间和空间的。所以今天如果一个产品能打动用户，我认为其背后一定有很强的文化属性。

作为产品打造者，一是可以挖掘文化元素。不同地区、不同民族都有自己的文化元素。产品打造者可以通过挖掘文化元素，将其融入产品中，提高产品的文化内涵。二是可以推广品牌文化。品牌文化也是产品的重要组成部分。产品打造者可以通过推广品牌文化，提高产品的文化含量，让消费者更加认同品牌。三是可以举办文化活动。产品打造者可以通过举办文化活动，让消费者更深入地了解产品的文化内涵，提高产品的文化价值。

> 像当下很火的泡泡玛特，它针对的就是年轻人所喜欢的二次元文化，通过一个个卡通形象，加深自己在年轻人心中的印象。

近年来，国潮兴起。一批老品牌借助国潮重新焕发活力，一批新品牌用互联网的玩法给国潮注入新鲜元素。

> 作为一个全国知名的网红品牌，茶颜悦色深谙品牌形象包装带来的传播力。在茶颜悦色的品牌标识、门店装修、产品设计上，基本都是各式各样的中国风。据说，茶颜悦色每年需要花几十万元的费用在名画授权上，用于门店和产品的包装。也是通过品牌 IP 形象打造，使品牌具有了深厚的文化

底蕴。除此之外，茶颜悦色在海报宣传、产品名设计上，还形成了具有长沙特色的中式传统文化，比如会在饮品杯上推广长沙的俚语，形成独特的品牌文化影响力。

悠久的品牌历史、古老的制作工艺，都蕴含着产品深厚的文化底蕴。通过讲述这些故事，不仅能引发消费者的情感共鸣，也能进一步提升品牌形象。

更便宜

如果这个世界上只有一种产品能赢得未来，那一定是更便宜的产品。把同样品质性能的东西做到更便宜，那产品就稳赢了。在实打实的价格优惠面前，消费者基本会做出诚实且一致的选择，因为便宜就是王道。

产品打造者如何打造更便宜的好产品？我认为可以从以下几方面思考：一是优化成本结构。通过优化成本结构，降低产品成本，从而降低产品价格，提高产品的性价比。二是提高生产效率。提高生产效率也是降低产品价格的重要方式，可以通过优化生产流程、提高设备效率等方式，提高生产效率，降低产品价格。三是促销活动。促销活动是降低产品价格的一种常用方式，可以通过定期促销，吸引消费者购买产品。

小米创始人雷军在《小米创业思考》一书里写道："小米从一开始就敞开心扉和用户交朋友，我们和用户一起做产品。早年甚至极端到把庞杂的渠道和营销费用全部砍掉，直接以成本定价，给用户提供高性能、高颜值、高性价比的产品。"2016年，小米发布了第一款全面屏手机——小米MIX，售价仅 3499 元。当时小米内部有过讨论，有不少人都希望给这款划时代的产品定到 6000 元或者 8000 元以上，但雷军认为，这不符合小米坚持的性价比，所以最终仍然是成本定价。这么多年，小米凭借着更低的成本和更高的性价比，赢得了用户和市场。

还有拼多多也是靠着低价以及砍一刀拼购的模式，实现了产品和品牌的裂变式传播，从京东、淘宝两大电商平台中突出重围，撬动了下沉市场。

正所谓"便宜的产品永远有市场"，因而坚持"更便宜"的价值观，在任何市场环境下，都是能够生存的。

所以，以用品作为切入口的企业，就要从用户视角出发，用口碑作背书。用品型企业发展思路具体有以下三点。

品类创新：做第一不做平替

随着人们的消费需求越来越多元化，各行业的品牌也都在不断更新换代，但随之而来的问题则是，产品与产品之间的差异也越来越小，很难挖掘出新的特色，从而陷入了产品同质化越来越严重的"内卷"困境中。我们现在正处在一个产品的"新文艺复兴"时代，每一个产品都可以被重新做一遍。当然，这里的"新"强调的并非新款，而是新品。

品类创新的本质是做第一，不做平替（平价替代品），而实现品类创新主要遵循以下三大逻辑。

5　用品价值观

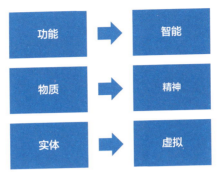

品类创新三大逻辑

从功能到智能

以前我们选择一款产品的时候，首先考虑的是它的功能。

比如杯子是用来喝水的，床是用来睡觉的，笔是用来写字的……但是数字化和智能化的出现，催生了很多新物种，它们重新定义了产品，也改变了人们的生活方式。

在烤箱里加一个摄像头，烤箱就不再只是一个烘焙美食的工具，而是变成了一个网红直播间；在音箱中运用智能交互技术，音箱也不再只是听音乐、播报天气的摆设，而变成了一种陪伴；通过数字化平台 DIY 一条属于自己的文创丝巾，那丝巾也就不再只是一件普通的饰品，而是代表着自己的创意……

拥抱技术、拥抱时代发展的可能性，是品类创新的第一步。

从物质到精神

在物质极为发达的今天，面对琳琅满目的产品，消费者很难再怦然心动了。以前人们的消费观念可能是标榜品牌、标榜新款，但是现在消费者更加注重的是精神上的需求能不能被满足。

2022年，东方甄选从一众拥挤的直播赛道中实现突围，究其根本，就是因为直播间给用户提供了一种情怀和愉悦的精神体验。

东方甄选的主播没有像我们平时经常看到的主播那样高喊着"123，上链接"，而是用他丰厚的知识储备和真切的情感讲述妈妈做的饭菜、讲述童年的回忆、讲述诗和远方，让人无不为之动容。

再比如，盲盒能满足的是消费者的猎奇心理，新国潮点燃了年轻人的爱国热情，剧本杀拓展了年轻人的社交关系……

这些新品类火爆的背后，一定是有着消费者巨大的精神需求作支撑。只有了解到消费者，尤其是Z世代的年轻人的精神需求，才有可能抓住他们真正的痛点，打造出爆款产品。

从实体到虚拟

随着5G、VR、AR、AI、区块链等新兴技术的运用，元宇宙、Web3等概念的兴起，虚拟产业的发展呈现了爆发式的增长。品类创新也必须要直面从实体到虚拟转变的事实。

例如我的"如花在野"IP曾携手奥兰中国打造了数款以"如花"形象为酒标的葡萄酒数字藏品。虚拟的数字葡萄酒产品不仅能为消费者们带来创意十足且新颖的消费体验，也为时下年轻群体带来了潮酷葡萄酒新选择。

除了上述的三个逻辑以外，每个品类的发展都经历产品生命周期的进化，企业抓住品类创新的三个机遇也很重要。

新品类早期：抢先定义新品类

早期的新品类处于市场引入期，规模较小，企业洞察到品类的创新需求，就需要抢先定义新品类。

> 例如电动牙刷在 2003 年左右初次进入中国市场的时候销售惨淡。到 2016 年中国电动牙刷的渗透率依然仅有 1.5%，处于市场的早期阶段，大众对其认知度低，竞争者也非常少，飞利浦、宝洁、联合利华等品牌都在这一阶段进入了电动牙刷市场。其中飞利浦以渠道优势，抢先定义"电动牙刷＝飞利浦"。随后，2018—2020 年电动牙刷市场飞速发展，飞利浦市场占有率不断增长，成为不折不扣的大单品。而 Usmile 则洞见到电商带来的新消费者的体验与审美诉求，基于新媒体与电商定义了新人群的电动牙刷产品，发展至今成为电商市场的龙头老大。

人们记住的永远都是第一个吃螃蟹的人。随着时代的飞速发展，只有顺应潮流，敢为人先，才能抢占先机，赢得市场。若一味求稳，墨守成规，只会逐渐没落，最终消失在时代发展的洪流里。

品类成长期：快速分化品类

当品类进入成长期，品类增速较快，市场规模变大，更多的竞争者涌入。这一时期主要表现为快速增长、高度差异化、投入成本高、消费者需求细化，因而品类的快速分化也是不可避免的。

产品五品

　　以智能手机为例，在早期的手机市场中，几乎所有的手机都具有类似的设计和功能。然而，随着科技的发展和消费者需求的差异化，许多企业开始推出了具有不同设计、功能和价格的手机，如三星、苹果、华为、小米等，根据不同消费者的需求来开发不同的产品线，以拓宽销售渠道和让市场分化。这些不同的智能手机品牌提供了不同的特性和体验，如材料、屏幕尺寸、功能、品质等方面的不同，允许消费者选择他们所喜欢的品牌和型号，同时也为企业提供了更大的市场机会。

再比如，电动牙刷的高速增长分化出了冲牙器这一新品类，烧水壶的快速普及成功分化出了养生壶、煮茶器等新品类……

品类分化一定是找准成长期品类并迅速切入新需求，才能快速占领市场。

品类衰退期：聚焦开创新品类

品类衰退期的典型特点是品类规模达到顶峰，增长放缓甚至衰退。头部大企业垄断市场，小企业被淘汰。但这个时期的品类创新也会出现新机遇——聚焦开创新品类。

　　必胜客是美国第一个全国性的比萨连锁品牌，同时提供食堂、外卖、外带业务。在激烈的竞争中，另一比萨品牌达美乐收缩业务范围，专注于宅送市场，主要针对需要送餐到宅服务的顾客，开创了宅送比萨品类，逐渐成为美国第二大比萨品牌。而小凯撒聚焦外带市场，主要针对那些把比萨带回家或者办公室吃的顾客，开创了外带比萨品类，成为美国第三大比萨品牌。

旧品类的衰退，往往意味着新品类的崛起。能够在品类衰退期洞察消费者的需求变化、研判市场未来发展趋势、找到新品类商机的人，往往可以占据先机，奠定自身在新品类中的市场地位。

用户共创：让你的产品更懂用户

用户共创从广义上来说，指的是雇用使用产品和服务的客户，以期望获得对客户需求的洞察，并一同致力于改善和提高产品或服务的质量和效益。从狭义上来说，用户共创是指利用用户的反馈和贡献来指导产品设计和创新。无论是从广义还是狭义来说，用户共创都是一种增强客户参与感并带来商业利益的方法。

关于用户共创，有这样一个经典的案例。

> 有两个人合伙卖T恤，把设计、生产、销售等活儿全推给顾客干，自己躺着挣钱，一年净赚了3200万。他们做了个叫threadless的品牌官网，然后每天到社交平台发布T恤设计比赛，用奖金吸引业余设计师投稿，最终在官网公布800款设计，转头又邀请网友打分，选出四款最佳设计，通过评价和反馈确定产量。但是他们从不自己卖，而是靠高额佣金吸引顾客做分销，让顾客在社交平台、朋友圈转发宣传T恤。T恤成本25美元，售价100美元，成交一件分出去50美元，他们每件净赚25美元，还免了开店成本和广告费用。
>
> 模式跑通后，他们保持每周发起一次设计比赛，上新四

款产品。通过分销又不断裂变，新客户每个月能卖 6 万件 T 恤。而他们最重要的其实只有维护官网这一项工作，基本没有市场风险，也不需要运营资本。

这个模式，就是用户众创。

1980 年，著名未来学家阿尔温·托夫勒曾在《第三次浪潮》中预言，生产者和消费者的角色将逐渐模糊并融合，最终成为"产消者"。近年来，互联网的飞速发展更是让消费者深度参与产品设计生产成为可能。

随着新生消费力量的涌现与日益便捷的沟通方式，消费者与品牌之间的互动也变得更为紧密与个性化。一方面，用户的参与和反馈可以让企业更加了解消费者的需求与痛点，推出更具市场满意度的产品，并建立消费者对于企业的认同感；另一方面，用户也可以贡献自己的智慧价值，传达自己的观点，得到符合自己审美要求与使用习惯的产品。

总体而言，用户共创作为一种未来趋势，有着本身的必然性。

我认为用户共创可以分为三个步骤。

1. 统一目标，找到共同价值，以成就用户为使命。

2. 描绘未来，构建群体创造场景，给用户一个理由。

3. 构建通路，关注用户主权，让用户乐在其中。

用户共创的三个步骤

例如花西子的成功，与其在用户共创上的长期耕耘密不可分。花西子是国内为数不多将用户共创提升至战略高度，并成功应用于产品立项、设计、生产各个环节的美妆品牌。

有资料显示，在2019—2021年的三年时间里，花西子分别招募评测总人次超30万，累计沉淀共创用户20万。在化妆品行业，能做到这样的规模实属罕见。花西子的每款产品在上市之前都经历过数千人甚至数万人的共创，高峰时，每月评测高达8~10期，但花西子最终呈现给消费者的却只有40多款单品，体现了花西子对于产品研发的严苛与取舍。花西子最具代表性的黄金大单品空气蜜粉就是用户共创的最佳案例之一。用户们的"白色粉扑改为黛色，可以更清楚取粉量""推出有色粉饼，更适合亚洲人的肤色"等痛点反馈驱动着其定妆产品5年的不断迭代。

让用户参与到产品的设计中来，让他们把自己的个性化需求呈现在设计师面前，比企业自己去调研、去分析更准确、更细致。这样开发出来的产品，在同品类中通常具备更强的竞争力，将为企业创造更多的价值和收益。

这里也提供几种在实践中常见的用户共创应用方法，给大家参考。

1. 用户调查：邀请用户填写有关他们需求和反馈的问卷调研。

2. 用户讨论组：通过小组讨论来了解用户需求和意见。

3. 用户反馈网站：针对产品的问题收集用户反馈，以调整和改进产品。

4. 用户社区：建立用户社区，收集和评估客户建议。

5. 用户测试：将新产品或服务提供给已有用户，并收集他们的反馈和意见。

以上用户共创的方法可组合使用，以精细化产品和服务，在获取客户反馈和意见的同时，达到不断进步的目的。

用户服务：在服务流里找商业模式

随着产品从 0 到 1 的速度变得越来越快，越来越多细分、垂直、小众的新品牌走进主流消费人群的视野。新产品也不断涌现，消费者的选择不断增多。

但新的问题也随之出现。这些新品牌流量来得快，用户流量逐渐趋于平缓，获客成本越来越高，红利去得也快。即使是迅速扩张也逃不过流量流失的焦虑。

如何提供优质的用户服务,增加用户黏性,实现用户稳步增长,是各大品牌必须要考量的事情。

构建用户服务的关键在于创造一个连贯、个性化且技术驱动的服务体验,这要求企业在服务设计中融入深刻的用户洞察,确保服务的每一个环节都能满足甚至超越用户的期望。

首先,通过精心设计服务蓝图,企业能够在用户历程的每个接触点提供精准的服务,从而在用户心中建立起积极的品牌形象。

同时,企业应不断利用最新技术,比如人工智能、大数据分析等,来优化服务流程,提升服务效率和质量。

此外,建立一个开放的反馈机制,鼓励用户参与服务的持续改进中,增强用户的参与感和忠诚度,为企业提供宝贵的数据支持,帮助企业更好地理解市场需求,推动产品和服务的创新。

最终,通过线上、线下服务的无缝整合,企业能够提供一个无界限、高效率的服务体验,使用户在整个购买和使用历程中感受到便捷和愉悦,提升用户满意度,为企业带来稳定的客户关系和长期的市场竞争优势。

以小仙炖为例,为了留住用户,除了邀请明星推广背书,扩展品牌声量,小仙炖还通过周期购服务、小程序运营快速巩固市场。在微信生态下,利用个性化私人定制等方式,圈定属于自己的私域流量。同时推出周期滋补服务模式,给用户提供以周、月、年为周期的套餐,每周新鲜配送,最终成功搭建了一套"电商销售—私域流量—反哺营收"的完整闭环。

新能源汽车为了抢夺用户，可以说使出了浑身解数，为用户提供绝佳的服务更是它的撒手锏。蔚来汽车为用户提供每年12次的移动充电服务、免费换电服务、上门保养、免费取送车服务，甚至在"特殊时期"还可以帮车主买菜、接送小孩……蔚来的这种模式，已经成功形成"圈层效应"。

信息化浪潮下，市场竞争愈演愈烈。全周期的用户服务，以及优质的服务质量，成为企业可持续发展的关键。关于用品型企业如何做好用户服务，我认为有以下六点。

用品型企业如何做好用户服务	敏锐感知用户需求	借助人工智能提升服务效率
	以用户为中心 优先考虑用户利益	防范危机
	以提高服务质量为目标	不断提高用户体验

用品型企业做好用户服务的六个方法

敏锐感知用户需求

用户服务首要之义在于能够深入洞悉用户的需求，并将服务理念融入产品打造环节。因为一个成功的产品，不仅要有好的质量和优质的售后服务，还要关注用户的体验和用户反馈，对问题进行及时的处理和解决。所以，企业必须保持敏锐的观察力和感知力，时刻拓宽自己的思维视野，关注环境变化和用户变化，从而能够站在更高的角度来审视问题，更好地提前预判市场和用户需求的变化趋势。

以用户为中心，优先考虑用户利益

企业要抓住用户的心，要让用户感觉到被重视，真正把用户与企业贯穿起来：优先考虑用户的利益，注重与用户的沟通交流，建立起彼此间的信任；持续关注用户利益，提供更多的服务让用户感到超值，让客户更有归属感，真正实现长期维系。

以提高服务质量为目标

优质的服务会获得消费者的认可和肯定，提高企业产品的曝光率。企业应该立足自身实际，针对用户的多元需求，建立一套完整的反馈机制，及时了解客户的需求并做出相应改进，从而不断提高服务质量。

借助人工智能提升服务效率

企业可以通过引入人工智能技术来提升自身快速响应客户的能力，通过智能语音识别技术，为客户解决各种问题。人工智能的优点是可以快速识别客户需求，提供高效的解决方案，实现自动化及时响应，提升企业的运营效率，优化用户体验。

防范危机

企业应该建立一套成熟的危机处置机制，通过标准化流程和危机预警机制，尽可能地帮助企业在面对各种危机时迅速采取有效措施，降低对企业形象的影响。

产品五品

不断提高用户体验

用户体验没有最好，只有更好。企业应该积极地持续优化用户体验，提升用户的满意度。

以上六点就是用品型企业抓住用户增长的流量密码，通过提供优良的用户服务、提高产品的品质、优化用户体验、完善危机处置、人性化的售后服务处理、个性化的服务方案来吸引用户，打造互信互惠的用户关系，从而赢得市场。

当前最大的改变是从产品时代转变为服务时代，服务的节点比产品丰富得多，且不一定需要拥有实质性的产品。工业时代的产品都是小产品，需要批量化地对外宣传。信息时代的产品是大产品，强调社交，强调服务，同时，服务也是产品不可分割的一部分，更是用户观中非常重要的一个因素。产品的交易时间很短，但服务却是一个持久的过程。很多时候，用户真正需要的不是产品，而是直抵内心的服务。真正能在市场竞争中存活下来的产品，都在坚持做"长期生意"，通过不断为用户提供更加完善的服务，来延续产品价值。

在本章的最后，我想说，好的用品就要创造用户价值最大化。

如何实现用户价值最大化呢？我认为可以从以下两个方面着手。

第一，用户化赋能。用户化赋能是指产品设计中注重用户需求和用户体验，以此来提升产品的用户价值。产品的用户化赋能包括产品的易用性、用户体验、用户参与等方面。在产品设计中，要注重产品的用户化赋能，以此来创造用户价值最大化的产品。

第二，创新性和差异化。在用户化赋能基础上，可以考虑产品的创新性和差异化，以此来提升产品的独特性。这种独特性可以体现在技术创新、设计创新、品牌差异化等方面。

总之，在当今竞争激烈的市场环境下，如何结合用品打造的内部视角与外部视角，创造兼具物质功能价值和精神情绪价值的、用户首选的用品，成了爆品打造的重要课题。从用户视角出发，了解用户需求的广义性和实效性所创造出的用户价值最大化的产品，才能成为一款好用品。

6

废品价值观

随着人类社会的不断发展、科技的不断进步，产品不仅需要满足个人需求，还需要考虑其对整个社会的价值和影响。需要说明的一点是，这一章所提到的"废品"需要打上引号，它所指的，并非简单意义上的废品。一方面是废弃使用功能后不影响人类文明发展，需要思考如何打造不影响人类文明持续性发展的产品。另一方面是哪怕废弃使用功能后依然能为人类社会发展贡献价值，需要思考如何打造满足人类社会价值的产品。这些问题都是产品打造者需要思考的重要课题。

本章将从人类社会成员视角出发，探讨如何从人类发展的趋势和可能性出发，创造满足人类社会价值的产品。人类社会成员视角下的产品设计，既需要考虑产品的基本功能和使用价值，同时也要考虑产品的社会价值。产品的基本功能和使用价值是产品设计的基础，也是用户购买产品的主要原因；产品的社会价值则是指产品所具有的对整个社会的价值和影响，包括产品的环保性、安全性、健康性、文化内涵等方面。

要设计出具有社会价值的好产品，就需要研究人类发展的趋势和可能性。人类社会的发展是一个不断变化的过程，人类发展的趋势也在不断变化，其中包括科技发展、文化交流、环境保护等方面；人类社会的发展是一个不断探索的过程，人类发展的可能性也在不断扩展，这种可能性包括科技创新、文化创新、环境保护等方面。在产品设计过程中，设计师需要从以上两点出发，了解人类的创新和探索方向，以此来确定产品的社会价值。

第一节
废品价值

《大学》规范了"大学之道",有八个步骤,包括"内"的五步——格物、致知、诚意、正心、修身,"外"的三步——齐家、治国、平天下。社会的安康是需要社会中的每个人都以此为己任为社会服务,才能实现的。其中有两个重要的内核,一个是社会责任感,即为社会承担了什么义务;另一个是推动性,即为人类整体带来了什么物质与精神价值。作为产品创造者,将用户放在中心,会形成一个产品价值属性的涟漪,而最外圈则是社会价值,辐射面最广、影响力最大。

1902年,奥地利科学家马克斯·舒施尼发明了塑料袋,由于它既轻便结实又廉价易得,给人们的生活带来了极大的便利,因而深受大家喜爱,这在当时被认为是技术革命。然而,随着塑料袋迅速风靡世界各个角落,舒施尼意识到了塑料袋"魔鬼的一面"。由于塑料袋大多是由不可再生降解材料生产的,只能通过挖土填埋或高温焚烧来处理。经过填埋的塑料袋需要200年以上才能腐烂,并且严重污染土壤；而高温焚烧塑料袋则有可能会产生有害烟尘和气体，造成空气污染，从而对人体的健康造成危害。塑料袋也因此被英国《卫报》评为"人类最糟糕的发明"。这让舒施尼愧疚不已。在多次试验降解塑料袋的方法无果后，1921 年，他选择在自己的实验室中上吊自杀。

诚然，塑料袋是一个具有独创性的作品，一个物美价廉的制品，一个创造了巨大商业价值的商品，也是获得了用户良好口碑的用品。但是从社会发展的角度来看，塑料袋却是不具备社会价值的。

在过去长达几千年的时间里，垃圾都与人类密切相处。直到 19 世纪，专职城市卫生人员的出现和巴黎行政长官普拜勒出台了一个新的垃圾处理方案，垃圾才逐渐从人们的视野中消失，慢慢被一整套越来越发达的城市排泄系统所消化。可以说，正是这套逐步建立的现代城市垃圾管理系统，让我们的城市保持整洁，同时让垃圾从我们的生活中隐退。然而，垃圾并没有真正消失，它只是消失在我们日常的视野之中。在这个过程中，一个极其重要的组成部分——垃圾的非正式回收，承担了更多最初的垃圾分拣工作，而拾荒者和废品回收者，就成了这个产业链底层的庞大人群。

2020 年 5 月 1 日，新版《北京市生活垃圾管理条例》正式实施，标志着北京正式进入了"垃圾分类时代"。从垃圾分类"新时尚"的号召以及强力的执行力度来看，"垃圾分类"势在必行。比起显而易见的环保效应，很多相关从业者更关注垃圾分类带来的新机遇。艾媒报告研究认为，垃圾分类将带动上下游相关产业发展，产业链规模可达 2000 亿元。那么究竟"垃圾分类"会催生出哪些新机会呢？此外，进入"垃圾分类时代"，企业如何抓住这一波机会呢？

垃圾分类由"鼓励"转向"强制"将推动固废全产业链的变革

6 废品价值观

与发展，环卫运输、垃圾收集、资源再生、垃圾处理等产业的前、中、末端都会因此受益。从前端分类来看，垃圾分类的强制推进有利于提升资源的回收率，利好再生资源回收企业的发展。以日本为例，日本已实行垃圾分类多年，垃圾中每年可回收上万亿日元的各类资源，比如电子设备中最常使用的稀土元素，日本靠垃圾分类回收可以满足其工业需求的 30% 左右。

作为中国首家"互联网＋环保"类型的新零售企业，"爱回收"一直以来都专注于回收废旧电子产品、废纸、废旧纺织品等可再生资源，截至 2022 年在上海已经投放超过 5000 台自助回收设备。事实上，近几年智能回收终端产品一直受到资本市场的青睐，因其融合了互联网、大数据、人工智能及物联网等先进数字技术，可以说是自带光环。2018 年云栖大会上一款章鱼回收智能终端，就凭借全新的回收垃圾模式和时尚的外观，获得当届互联网云栖大会领先企业奖。当垃圾分类回收插上互联网的翅膀，想必未来还会有更多的可能。

章鱼回收智能垃圾回收柜

产品五品

从发达国家的垃圾分类经验来看，经济发展到一定程度即人均GDP达到1万美元时，国民经济相应的消费模式、环保意识会发生变化，适于推行垃圾分类。一直以来，"垃圾"都与消费文化挂钩。在现代化的浪潮下，与消费文化相勾连的"丢弃文化"深刻影响着垃圾在我们生活中的位置。追求"新"、崇尚"快速迭代"能够带给人更多的快乐，但相应的就是更多、更快的丢弃和累积的垃圾。

艾媒报告数据显示，从2012年起，中国生活垃圾清运量逐年增长。2020年，全国生活垃圾清运量达到2.35亿吨。众所周知，垃圾分类的意义重大，在这个千亿市场的商业价值背后，更有着长久的社会价值。因此，如何站在更高的维度去理解品牌和产品在商业价值背后的社会价值，也许在未来会成为一种不可或缺的竞争力。近几年我们一直讨论"新零售"，什么样的零售业态能称为"新"？在"垃圾分类"的背后，我们就可以挖掘出更多的创新价值，比如环保、循环、可持续等。

> 可口可乐"零售＋回收"的零售机器人就可以给我们一些启发。这是一种基于未来循环经济的新零售方式，一边回收旧的可乐瓶，一边出来一瓶新的可乐。秉承着"快乐在左，理想在右"的理念，可口可乐把零售和回收两个系统合在了一台机器里。然后，通过人工智能来实现用户和产品的情感连接。以高维度的社会价值为切入点，再结合到产品的商业价值上来，这也许就是"新时尚"的一个很好的体现。

如今，垃圾已经无处不在。就像《废品生活》的作者在书中所呼吁的：我们要重新思考与想象自身与"垃圾"的关系。不光是垃圾处理的案例，废品价值是产品重要的价值体现，废品价值包括商业价值、艺术价值、生命价值和社会价值。

可口可乐贩卖回收一体机

可口可乐贩卖回收一体机设计图

商业价值

从某种程度上来说,世界上并不存在所谓的没有价值的废品,只是我们还没有找到让它发挥作用、创造价值的场景。

被称为"垃圾大王"的汤姆·萨奇读大学时,利用蚯蚓的排泄物制成了一种有机肥料，淘到了人生的第一桶金。资金充裕后，萨奇开始思考那些被人丢掉的垃圾的回收价值。最终，他把目光定格在食品、饮料的包装袋上，创立特拉循环公司，创造出从背包到水罐等 1500 多种产品，在大型零售商店和网上销售。萨奇让垃圾"重生"，把废弃的垃圾变成了一种商品。

在过去的 10 年时间里，新能源汽车产业的成长可以用日新月异来形容，尤其是在近几年，新技术和新产品持续涌现，产量、销量和出口量都在节节攀升。在新能源汽车产业蒸蒸日上、持续火热的同时，与之密切相关的动力电池回收利用行业市场也在同步急速升温之中。这个产业曾经是汽车循环经济中的一个比较边缘化、存在感较低的环节，受关注程度并不高，但随着动力电池退役高峰期的临近，基于该产业的千亿风口俨然已经形成。有数据显示，2021—2030 年，国内退役车用锂电池的市场规模将从 33.95GWh 提升至 380.3GWh，增幅将超过 10 倍。众多退役电池若不能得到合理有效的利用，既会严重危害环境，又会浪费宝贵的资源。因此，作为新能源汽车全生命周期管理链条中的一个重要环节，动力电池回收产业在推进资源节约利用、构建资源循环利用体系方面可以起到很好的平衡作用。当电池回收再利用体系建成以后，既解决了环保问题，又得到了宝贵的资源，一举两得。通过对动力电池的回收循环再利用，可以有效缓解企业正面临的动力电池生产资源供应不足的压力。

"变废为宝"历来都是一个很重要的商机。从有用到没用，再到有用。事实证明，只要处理得当，一件商品就可以完成从废品到商品的转化。

FREITAG 品牌是一个将废品转化为商业价值的典范。

FREITAG 以回收废旧卡车防水布为原材料，通过创新设计制作成独一无二的邮差包。这不仅体现了环保理念，同时也满足了消费者对个性化产品的需求。这种设计思维不仅减少了废弃物对环境的影响，也为品牌创造了独特的市场定位。

FREITAG 邮差包

FREITAG 的产品从原材料的收集、清洗、设计到最终的缝制和销售，每一个环节都体现了对环境的关怀。品牌通过最小化二氧化碳排放，在社区中创造出视觉上引人注目的商店，并对周围社区产生积极影响，具有社会意义。

所以，垃圾、废品不仅是放错了位置的资源，还是最具开发潜力、永不枯竭的城市矿藏。

艺术价值

废品的另一面，可以是重新进入市场流通的商品，也可以经过艺术家的妙手回春，以摄影、绘画、雕塑、装置、大地艺术等不同形式，变成一件先锋时尚的艺术品。

意大利艺术评论家杰马诺·切兰（Germano Celant）于1967年提出了"贫穷艺术"的概念，以概括和描述当时一批年轻的意大

产品五品

利艺术家的艺术风格和观念。"贫穷艺术"主要指艺术家选用废旧品和日常材料或被忽视的材料作为表现媒介。他们的观念旨在摆脱和冲破传统的"高雅"艺术的约束，并重新界定艺术的语言和观念。这种以原始而质朴的物质材料建构艺术的方法和形态常常被认为是观念艺术的一个流派。

中国台湾艺术家林世宝，曾用四年的时间在全球各地收集了上千部废旧手机，打造了一款"超级跑车"，通过展览让人意识到废旧物品再循环的价值与美。

德国设计师托比亚斯·尤雷策克（Tobias Juretzek）利用牛仔裤、T恤等旧衣服制成椅子，并将其命名为"remember me chair（记住我椅）"，充满着个人记忆和情感连接。

荷兰艺术家苏珊·琼曼斯（Suzanne Jongmans）使用回收塑料、旧毯子和废弃包装，以及发泡胶、气泡垫、胶膜、珍珠棉等随处可见的材料制作成中世纪服装，复古又灵动。美国装置艺术家托马斯·杰克逊（Thomas Jackson）在不同的自然环境中，运用落叶、垃圾、杯子、芝士球、施工网、发光项链、呼啦圈和气球等创作元素构建出悬浮的装置，使这些物品宛如有生命般地飘浮在空中。英国艺术家尼克·金特里（Nick Gentry）收集废弃的宝丽来底片、电影胶片、磁带、X光片、软盘等，绘制出形形色色的人像，把这些记忆碎片变成他们的头部、眼睛，甚至如同血液一般在人像身体的各处流动。中央美术学院教授姚璐将建筑工地上到处覆盖绿色防尘网的土堆素材拼贴组合成一幅幅精美绝伦的青山绿水画面，在艺术界引起很大的关注……这样的案例数不胜数。

现实生活中，我们也可以利用废旧物品创造出属于自己的"艺术品"。例如口罩、酸奶瓶子、过期磁盘、塑料袋、破旧玩偶等废品，经过魔法般的二次创作，也可以变成花盆、相框、收纳盒、书架、圣诞树、墙饰、摆件……既节约了资源，为社会环保事业做贡献，同时也能给自己的生活增添乐趣。

艺术大师马塞尔·杜尚曾说过："当生活中一件普通的东西被重新放置在一个地方，它获得了一个全新的被观看的角度和被赋予了一个新的名字之后，它原来所具有的作用就消失了，意义也随之改变了。"换一个角度看待废品，将赋予废品全新的意义，创造出新维度的价值。

废品的价值转换可以说是一种"新风尚"，它在创造经济价值的同时，也要与自然和谐相处，而不是进行破坏和掠夺。将可持续时尚的主张以更为具象的实践方式落实，让流行与美德并存才是真正的循环。

生命价值

生命价值可以从创造生命价值长度和提升生命价值高度两个层面来理解。创造生命价值长度是指提高产品的利用率和复购率，从而延长产品的生命周期。提升生命价值高度是指通过提升品质和性能、优化用户体验、加强品牌形象建设等举措对产品进行升级迭代。

在"三年一改款，五年大换代"的汽车市场里，有些车却能凭借经典的单一车型畅销几十年之久。

> 诞生于1938年的大众甲壳虫汽车，造型独特、价格亲民、油耗低、坚实的车体结构，兼具设计价值和使用价值，

所以一经问世便受到了消费者的欢迎，产能一直供不应求。1972 年第 1500 万辆甲壳虫出厂，打破了福特公司 T 型车保持的生产纪录。

2003 年，当最后一辆初代甲壳虫在大众墨西哥工厂下线后，这款畅销 65 年的汽车正式走向了生命的终点，累计销量超过 2100 万辆，是世界上最畅销的车型之一。

毋庸置疑，大众甲壳虫就是生命周期最长的那款车。它在世界范围内都广受欢迎。对于大众来说，甲壳虫已经不仅仅是一款单一车型，而是与可口可乐一样成了世人所熟知的标识。

与甲壳虫 60 多年坚持同一车型以此来创造生命价值长度不同的是，苹果手机则通过不断迭代产品来提升生命价值高度。

苹果一直致力于技术创新，不断在新的产品中引入新的技术和功能，例如更强大的处理器、更好的相机、更先进的显示技术等。设计上，不断优化产品的外观和操作体验，引入更加简洁、优雅的设计，以及更加人性化的操作逻辑。同时，苹果还构建了一个完整的生态系统，包括硬件、软件和服务，给用户带来了良好的体验，积累了用户的忠诚度。

从初代手机诞生以来，苹果手机已走过 17 个年头，虽然市场竞争激烈，新品频出，但是每次苹果升级换代，还是会有大量用户为之心动、尖叫、买单。

社会价值

我在这里所说的社会价值是产品能够推动整个行业乃至整个社会带来的价值，是一种具有推动性的社会价值。社会价值决定了一款产品的深度和广度。

我最早创业的时候把"挺起中国设计的脊梁"作为我的目标，所以，我那时一直追求的就是拿更多国际大奖、和更多的世界 500 强公司合作，于是我们公司的报价越来越高，但是我发现事情好像并不符合我的预期。我最初的愿景是"设计美好世界"，让更多人感受到设计的美好，怎么现在反而只有越来越少的人能够享受我们的设计服务了呢？这时我就开始寻找解决方案，洛客和水母智能就这样诞生了。这两个平台，一个连接了更多的设计师，一个覆盖了更多的用户。水母智能借助新的人工智能技术，让我们的设计单价最低能降到 9.9 元。哪怕你就开一个螺蛳粉的夫妻店，我也让你实现商标好看、店面美观的诉求。

让世界变得更美更好，这就是设计社会价值的体现。产品价值观是一个产品的筋骨，爆品打造的过程，其实就是创造产品生命价值的过程，它决定着这个产品的体态，指挥着这个产品的动作，联结着这个产品的血肉。用户价值决定产品的生命，商业价值决定产品的寿命，而社会价值决定产品的使命。三者相互交织，共同编织一个产品的生命机理，让它更具活力。

一款优秀的产品不仅要注重实用性和商业价值，还要注重人文关怀和环境保护问题。后两者虽然不能直接提升产品的价值，但却能够增强产品的可持续性，提升产品的生命价值高度。

产品五品

可口可乐董事会主席兼首席执行官穆泰康就曾说过："可持续发展并不再是出于合规的需要或者是做件好事，它现在已经是一项必要的商业规划，其中的方法、目标和外在价值与我们的各大项目息息相关。由于它有这样的重要性，我们实际上没有遇到任何阻力。"

可口可乐在 200 多个国家开展业务，每个市场的需求取决于多种不同的因素。一些市场面临经济方面的问题，而另一些则面临资源贫乏和性别不平等的问题，甚至有的市场面临所有这些问题，决策者往往很难进行衡量和比较。所以可口可乐采取了一种"价值创造模型"（a value creation model），这是一种全球范围内的模型，但是每个市场会有自己不同的重点，以此来衡量企业将更加侧重哪些价值。

2007 年，伊利提出"绿色领导力"，不断升级可持续发展实践。从 2009 年的"绿色产业链战略"，到如今"全面价值领先"目标的系统性、连续性的举措，伊利在实现自身低碳转型的同时，始终将推动全链减碳视为己任。2022 年，在国家提出"双碳"目标的背景下，伊利在食品行业首先发布了双碳目标及路线图，即《伊利集团零碳未来计划》和《伊利集团零碳未来计划路线图》。而伊利旗下各子品牌也在不断强化减碳措施，发挥各自的市场优势，带动不同圈层的消费群体践行绿色生活方式。

包括我们之前提到的 FREITAG，在产品和店铺设计中，也非常注重减少碳足迹。例如，上海新店的建设过程中，材料和资源的谨慎使用成为重点，品牌团队尽可能保留或再利用原本建筑已有的材料，并且在施工过程中详细分析了改造的碳足迹，以减少对环境的影响。在产品的设计上，FREITAG也在不断探索新的环保材料和生产方式。例如，品牌自我研发的F-ABRIC材料，主要由欧洲的亚麻纤维混入其他天然材料打造而成，非常结实耐用，而且均可100%完全降解。

除此之外，FREITAG还提供私人定制服务、包袋修复服务以及包袋互换平台，不仅提升了顾客体验，也鼓励社区参与物品的循环使用。

FREITAG通过其环保理念和产品设计，成功地将社会责任转化为商业价值。品牌不仅在时尚界获得了认可，同时也吸引了一群忠实的消费者。他们认同FREITAG的价值观，并愿意为这种理念买单。

一个卓越的产品，看的绝不仅仅是销量和利润，为社会做贡献，解决社会保障问题、社会就业问题、环境保护问题、公共产品问题等，这些并不仅仅是可选项，而是产品实现自身价值的必经之路。

现在越来越多的年轻人开始青睐时尚商品，热情过后，闲置物品也会越来越多。作为首批践行循环经济的时尚二手电商的品牌红布林，则通过C to B to C模式，依托"端内商城+外部直播"的多元化布局，发展"循环时尚"电商业务，把闲置的时尚单品循环利用起来。

根据《红布林2023循环时尚碳减排实践报告》显示，自成立以来至2022年12月31日，红布林累计减少碳排放50 531 589kg，若以搭载4人的汽油小客车一年行驶2万公里计算，该值相当于 1.5 万辆小汽车一年的碳排放量。目前，红布林已吸引千万用户参与循环消费，助力数百万件商品实现了循环流转。

循环，能够延长闲置物品的生命周期，在物品使用末期，避免其变为垃圾，进而使资源内部循环率达到最大化，实现可持续循环发展的最大利益化。

与红布林有着相同理念的，还有二手书循环平台多抓鱼。让旧书重获新生，是多抓鱼贯穿始终的理念。卖书的用户将旧书出售给多抓鱼平台，平台经过回收、翻新、消毒再包装，出售给买书的用户。读完之后，书还能继续在多抓鱼出售，而卖书赚到的钱，又能再次在这里循环买书。买书与卖书之间的巧妙融合，让多抓鱼从一开始就收获了不少用户的心。

有些产品本身就具有再回收利用的价值，比如衣服、书籍、塑料瓶等，而有些产品在最初的作品环节，便把废品价值考虑在内。产品在成为废品之后，依然具有再回收利用的价值。

新锐咖啡品牌三顿半推出"返航计划"，其核心内容就是让用户把使用过的三顿半咖啡空罐，在指定开放日，带到分布在城市角落中的返航点，兑换周边产品等"返航物资"。这样一来，既使废弃物品得到了循环，同时又增加了用户的黏性。

注重生命价值高度的产品一定能走得更广更远。对弱势群体的关怀，是衡量社会文明发展程度的标准之一。洛可可近年也参与了一些社会责任的案例设计。比如，在助残产品的打造上，如何通过科技与设计的力量，让残障人士的日常生活更加便利，是洛可可设计师一直在思考的问题。洛可可设计团队从人文角度出发，多次考究用户体验流程，以设计之力与创新科技结合，为特殊人群打造更具人文关怀的产品。

例如助听器产品价格高昂，人工验配程序复杂，导致在中国助听器产品的渗透率远低于其他国家。但随着人工智能技术的发展，传统助听器也可发生新的改变。

针对市面上的助听器普遍存在调试不便、使用者无专业知识难以进行日常调试等难题，洛可可设计团队从产品策略、产品设计、结构设计等方面，打造产品赋能一站式服务闭环。设计的挚听助听器可根据用户听力测试，实时进行AI人工智能听力补偿，同时自动计算低中高频段听力补偿增益，一耳一策实现定制化补偿，为用户带来更好的助听效果。同时挚听助听器运用宽动态范围压缩WDRC技术，带来高达12dB的降噪效果，可适配众多使用场景。

挚听助听器

产品五品

挚听助听器利用自主技术与自动验配方案,大大降低了助听器的成本,真正让助听器成为易普及的产品。挚听助听器提高了听损人群的社会交流能力、工作能力,增加了听损人士的自信,减少了老年听损患者发生阿尔茨海默病的可能性,降低了社会医疗成本。

又例如当时国内外的下肢假肢有两大类:静踝假肢和动踝假肢。静踝假肢,踝关节角度固定不变,无法有效地模仿关节的运动学特性,仅能起到支撑作用;动踝假肢,踝关节可以在一定角度范围内运动,但是其关节的运动阻抗无法根据不同的行走速度和地形调整。残障人士穿戴这两类假肢行走时,要比正常人消耗更多能量。基于此背景,北京工道风行智能技术有限公司携手洛可可,希望共同打造一款智能小腿假肢,满足残障人士正常行走的需求。经过长时间的研发和调试,最终我们设计出可以将机器人技术与假肢制造技术完美结合的产品——我国首款智能动力小腿假肢"风行者",不仅打破了国外品牌的垄断,也将实现进口替代的可能。

"工道风行"智能动力小腿假肢

此外，专注于健康康复医疗的设备服务商深圳作为科技有限公司，找到洛可可，希望共同设计一款自动处理老年人、伤残、智障和无知觉病人在轮椅和床上大小便的清洁器械。基于这样的诉求，洛可可设计团队设计出了一款智能自动洗护机器人，可以解决多种护理难题，不仅能帮助行动不便的患者轻松、智能地进行身体护理，减小患者的心理压力，同时也让亲属、护工从高劳动强度中解脱，减轻了家庭各个方面的负担。这款国内独树一帜的失能失智人士护理产品，让特殊人群也能生活得健康、生活得有尊严。

智能自动洗护机器人

产品要以让世界变得更美好为使命，注重节能环保，关注特殊群体，解决社会性问题，成为推动社会发展的重要力量。

第二节 废品思维

废品思维主要包括生命周期思维、绿色可持续思维和价值转换思维。

废品思维

生命周期思维

任何一款产品都是存在生命周期的，从做产品的第一天，就要考虑它以什么样的方式死去。

产品处于生命周期的不同阶段，有不同的发展侧重点，例如产品策略、定价策略、渠道策略、推广策略、竞争策略等不同，发展思路也不同。构建生命周期思维可以让我们厘清现阶段的产品特征，制定针对性的目标和策略，集中力量处理各阶段的主要矛盾。

如果不具备产品生命周期思维，就有可能错误地在产品到达废品阶段时完全以企业短期利益为导向，或者在商品阶段忽视市场因素，从而丧失竞争力。

同时，生命周期思维可以更好地帮助产品更新迭代，从而延长产品的生命周期。不管是多么成功的产品也有消亡的一天。要不断推陈出新，做好产品的迭代，以及旧品的退市收尾工作。

绿色可持续思维

绿色可持续思维要求在产品整个生命周期内，充分考虑对资源和环境的影响。在充分考虑产品的功能、质量、开发周期和成本的同时，更要优化各种相关因素，使产品及其制造过程中对环境的总体负面影响降到最低，使产品的各项指标符合绿色环保的要求。要考虑用该材料制成的产品在失去了原有的使用价值后，是否便于回收处理、再次利用，或是其材料本身是否具有较强的可降解性能，对环境不构成危害等。

比如获得过韩国 K-Design 金奖的一款以干枯的丝瓜络为材料的杯子包装，它不同于一般的包装材料。风干后的丝瓜具有丰富的纤维丝状结构，不仅为玻璃杯等易碎产品提供保护，而且具有清洁能力强、材料成本低的优点。丝瓜络包装具有超长的使用寿命，当杯子不需要包装了，还可以利用它来清洗餐具，也可以将它作为隔热垫。通过再利用，让包装不再是被丢弃在垃圾桶的废弃物。就算是被丢弃，也能被土壤中的微生物快速地分解，成为新的作物营养。

再比如苹果公司，这些年也一直致力于使用可回收和低碳材料来打造产品，并设计节省能源的产品。目前，苹果公司已经推出了使用 100% 再生铝金属制造的 MacBook、Apple TV 和 Apple Watch 的外壳，并正在逐步去除 iPhone 保护壳中的皮革材料。

除此之外，苹果也一直在调整生产使用的能源。不仅自己在大幅度增加可再生能源的使用，同时也在鼓励和推动自己的供应商们进行能源变革。目前，已经有超过 300 家供应商承诺将 100% 使用可再生能源用于苹果产品的生产。这些承诺全部兑现后，每年将可减排超过 1430 万吨二氧化碳当量。

在今天这个时代，我们应该将绿色可持续思维贯穿产品的生命周期始终，着重考虑产品的可回收性、可维护性、可重复利用性，并在满足环境目标的同时，保证产品的基本功能、使用寿命和经济效益等，突出"生态意识"和"以环境保护为本位"的产品理念。

价值转换思维

随着人们环保意识的日益增强,废品的价值转换已经成为一个热门话题。虽然废品不再具备原本的使用价值,但却可以被转化为新的资源,为环境保护和经济发展做出贡献。而人类为了做好废品的价值转换,也实施了很多可行性方案。

一是废品回收利用。废品回收利用是废品的最常见价值转换方式。废品回收利用可以分为两种方式：一种是直接回收,另一种是间接回收。直接回收是指将废品直接进行回收再利用,例如将旧报纸变成新纸张等。而间接回收是指将废品进行加工处理,制成新的产品,例如废铜加工成铜线等。废品回收利用的好处不仅在于减少了废品对环境的污染,而且可以减少对原材料的使用,从而降低生产成本。同时,废品回收利用也可以创造就业机会,促进经济发展。

二是废品再利用。废品再利用是指将废品进行加工,制成新的产品,例如将旧汽车轮胎加工成人造草坪等。废品再利用可以减少废品的堆放,从而减少对环境的污染。同时,废品再利用也可以创造新的产品,带动新的产业发展。

三是废品能源化。废品能源化是指将废品进行加工处理,利用其中的能源进行发电等。废品能源化可以减少废品的堆放,从而减少对环境的污染。同时,废品能源化也可以提供新的能源来源,为能源紧张的地区提供一种解决方案。

四是废品资源化。废品资源化是指提取废品中的有用成分,制成新的产品。例如将旧电脑中的有用金属提取出来,制成新的电子产品等。废品资源化既可以减少资源的浪费,同时也可以为社会提

产品五品

供新的产品。

　　五是废品变废为宝。废品变废为宝是指将废品进行艺术化处理，制成艺术品等。例如将废旧汽车拆卸，将其中的零部件进行组合，制成汽车雕塑等。废品变废为宝可以制成新的艺术品，提高其观赏性，同时也可以推动文化产业的发展。

　　废品的价值转换，不仅是一项重要的工作，同时也是构建废品思维的核心。废品的价值转换可以减少废品对环境的污染，提高资源的利用率，同时也可以为社会创造新的产业和就业机会。因此，我们应该高度重视废品的价值转换工作，积极推动废品的回收利用、再利用、能源化、资源化和艺术化等工作的开展，为环境保护和经济发展做出贡献。

　　产品制造者在设计和生产产品时，应该充分考虑到产品生命周期结束后的处理问题。通过采用环保材料、建立回收系统、创新技术和加强合作等措施，不仅可以减少废品对社会的危害，减轻社会的负担，也可以为公司创造新的商业价值和市场机会。这不仅是企业社会责任的体现，也是推动社会可持续发展的重要途径。

第三节
社会型企业发展思路

在当今这个快速发展的时代,我们享受着科技带来的便利与进步,但同时也面临着前所未有的环境挑战。资源的过度消耗、废弃物的不断累积以及环境污染的日益严重,都警示着我们必须重新审视现有的生产与消费模式。

以前废品往往被视为无用的废弃物,被丢弃、填埋或焚烧,这不仅浪费了大量可再利用的资源,还对环境造成了严重的污染。如今大家认识到,废品并非一无是处,而是蕴含着巨大的潜力和价值。通过创新的技术和管理手段,我们可以将废品转化为资源,实现其再利用和循环利用,从而大大提高资源的利用效率,减少对新资源的开采和环境的破坏。

产品五品

废品核心价值观

就像我们一直强调的，所谓废品，其实只是放错了位置的资源，只要利用得当就可以重新创造价值。至于如何让废品"重现生机"，我们可以从两个方向入手：更有持续性、更有推动性。

更有持续性

产品在打造过程中，应该遵循生态可持续性、资源可持续性、社会可持续性、经济可持续性的原则，尽可能地减少对环境和资源的负面影响，提高产品的可持续性。例如苹果公司一直致力于推行环保设计，采用可回收的材料和可生物降解的材料，减少对环境的污染。此外，苹果公司还推出了可维修的产品，延长产品的使用寿命，让产品更有持续性。

更有推动性

产品的可推动性是指产品能否为环境可持续发展和社会经济进步提供积极的推动作用。如果产品能够促进人们的环境保护意识增强、能源利用效率增加、环境污染防治等，为社会和经济的可持续发展做出贡献，那么这个产品就有一定的推动性。

"废品核心价值观"不仅仅是一种对废品再利用的理念，它更深层次地倡导了一种全新的经济和社会发展模式。在这种模式下，企业不再仅仅追求经济利益，而是将社会责任和环境保护纳入其核心价值观之中。这种转变促使了"社会型企业"的兴起，这类企业不仅关注自身的赢利，更注重其经营活动对社会的积极影响，致力于解决社会问题，推动可持续发展。因此，"废品核心价值观"不仅是对废品处理方式的革新,更是引导企业向"社会型企业"转型,实现经济、社会和环境共赢的重要推手。

经济合作与发展组织(OECD)在1998年提出的社会企业的定义是"以企业家战略组织起来,为了公共利益进行的私人活动,它的主要目的不是利润最大化,而是为了获得一定的经济和社会目标,并且有能力提出解决社会排斥和失业问题的创新方案"。可能很多人认为社会型企业就是非营利性组织,其实社会型企业也是普通企业中的一种,只是社会型企业是主动地担负起其社会责任,对社会整体起向上推动的作用,这就是社会型企业的含义。可以说凡是主动地承担社会责任、具有社会长远眼光的企业都可以被称为社会型企业。

哈佛大学的波特教授将企业社会责任分成了两种:被动型企业社会责任、战略型企业社会责任。"有许多企业是在被动地承担社会责任,那是一份装饰性的、零散的、并非心甘情愿而为之的慈善公益。"在波特教授看来,这样的企业战略就是被动式的,不具备前瞻性,也不具备生命力。所以,波特教授提出了"战略型企业社会责任",也就是持久的、系统的、能为企业和社会创造价值的企业责任与担当。

一个卓越的企业,绝不仅仅是销售与利润至上。为社区、为利益相关方、为社会做贡献,这些并不仅仅是可选项,而是企业作为社会公民必须履行的责任。这些责任包括解决社会保障问题、社会就业问题、环境保护问题、公共产品问题等。

产品五品

优化生产流程，实现绿色生产

企业应采取绿色生产方式，优化生产流程，减少生产过程中的废弃物排放，提高资源利用效率。同时，企业还应关注产品的环保性能，确保产品在使用过程中对环境的影响最小化。

如何持续推进绿色低碳的转型步伐，是我国明确"双碳"目标以后各行各业的关注焦点。乳制品行业在饲草种植、奶牛养殖、产品加工、终端销售这一条乳业全产业链中，处处都可能涉及碳排放。换言之，一小杯牛奶留下的碳足迹远超乎人们想象。

蒙牛作为行业龙头和乳业"国家队"，带头引领绿色消费潮流。通过技术创新，从强化产品、产业、消费等方面，在牧场端、工厂端、物流及销售端，优化生产流程，全方位助力全产业链实现绿色低碳发展。

在牧场，蒙牛种植了 9700 万棵树，并且实现了"粪污还田"，通过改善局部气候，增强了土壤固碳能力。目前蒙牛旗下自营和合作牧场已经 100% 开展"粪污还田"治理工作，切实让奶源地土壤微生物及昆虫、植被多样性得到了保护。在工厂，蒙牛乳业整体运营范围内的碳减排成效显著。截至 2024 年，共有 30 家工厂被认定为国家级绿色工厂，像曲靖工厂这样低碳、可持续发展的工厂越来越多。在物流及销售端，蒙牛为了减少包装物对环境的污染，还加大对回收包装的利用，坚持包装设计可再生、可降解宗旨，并利用再生包装制造了一批时尚服饰。

创新技术，助力绿色可持续

环保型企业应注重技术创新，研发更高效、更环保的技术和产品，以降低生产过程中的环境污染。同时，企业还应关注新兴技术，如循环经济、清洁能源等，以实现可持续发展。

在废物回收领域，因为世界各地回收物料各不相同，且产业链分布盘根错节，这就导致回收行业的信息壁垒极高，从事该领域的人往往也很少具备能精准辨认回收物料的本领，从而使得一些有较高利用价值的废弃物变成了一文不值的垃圾。

随着人工智能的大爆发，AI 技术被应用在废物回收领域。全球废品匹配与回收技术平台"再生博士"利用 AI+CV（人工智能＋计算机视觉）技术，建立了目前世界上最大的废料数据库，将传统的废料回收模式和产业链进行信息化升级，从而极大地提高了上游废料产生和回收企业的回收率。同时借助标准识别带来的废料商品化，让再生产业链上各环节降低成本、提高效率，真正实现变废为宝、资源循环、高质低碳。

此外，"再生博士"还创建了服务于废料交易的 SaaS 系统——ScrapPro 再生助手，以及为回收工厂量身打造的 ERP 系统——ScrapERP 再生数智企业管理系统。跟随着 AIGC 的脚步，"再生博士"也推出了 ScrapGPT，承载的功能是帮助用户查询废料信息、上传图片识别废料等。

"再生博士"App 的识别与价格估算正确率均已达到 95% 以上，其中识别金属横截面这一小场景的准确率已达到

98%，且这一数据仍在不断优化。"再生博士"创始人谭天通过与企业签订合作协议，在废料回收工厂布局人工智能摄像头，帮助工厂进货、识别废料、估算价格的同时，不断补充数据库、训练人工智能以达到更高的准确率和覆盖率。企业也可以选择识别后直接通过"再生博士"平台进行交易，最大化提高废料的回收效率。

截至 2024 年，"再生博士"已与 13 家国内外企业进行深度合作，平台 B 端用户达到 633 万，覆盖了 30 多个国家和地区的用户。

未来，"再生博士"还将进行"碳谱"产品的开发，例如，玻璃、塑料、纸张等非金属矿物制品，实现"废料标准化、回收连锁化"。在未来，任何人都可以拿起手机成为废料回收的一员，回收工厂的开设也不再困难。

社会型企业以让世界变得更美好为使命，注重节能环保，关注特殊群体，解决社会性问题，成为推动社会发展的重要力量。

本章的最后，我认为：想要创造满足人类社会价值的产品，需要社会担当，需要我们主动承担起相应的社会责任。

产品的社会担当是指产品设计中注重产品的社会价值和影响。产品的社会担当包括产品的环保性、安全性、健康性、文化内涵等方面。在产品设计中，需要注重产品的社会担当，以此来创造满足人类社会价值的产品。

总之，废品的打造思路是一个关乎全人类发展的重要课题。从人类社会成员视角出发，了解产品的基本功能和使用场景，以此来确定产品的基本功能和使用价值；从人类发展的趋势和可能性出发，了解人类的需求和发展方向，以此来确定产品的社会价值。注重社会担当打造的产品在产品生命周期的最后一环，才有可能是对人类发展无害，甚至有推动作用的"废品"。希望本书能够对产品设计者有所启发，推动设计者创造更多满足人类社会价值的产品。

7 产品价值模型

前面六个章节，我给大家详细介绍了产品的生命周期和生命价值，以及逐一介绍了不同类型的企业在作品、制品、用品、商品、废品这五品上不同的侧重点和发展策略。因为产品打造思维的出发点不同和资源优势不同，就会产生不同的产品价值类型。想必大家在阅读的过程中，多少也会思考自己的产品类型。那么企业如何判断自己的产品价值类型呢？这一章我给大家准备了一个自测模型，通过自测得出自己的产品雷达图后，再一一介绍五种产品价值类型和不同类型的企业该如何打造价值链，提高产品生命力。

第一节 产品价值类型自测

产品价值类型自测模型

不同的产品阶段有着不同的价值衡量标准,我总结出了五个自测模型。

作品

作品价值的评判,主要分为三个方面:独创性、极致与突破、社会意义。

独创性:具有独一无二的创新性(1~3分)。

作品价值的三个维度

极致与突破：在技艺、技术、工艺方面做到超越同类或登峰造极（1~3 分）。

社会意义：对人类社会的思想价值，公共价值（1~3 分）。

制品

制品的价值评判，主要分为四个部分：供应链成熟度、能力壁垒、功能性和高效率。

制品价值的四个维度

供应链成熟度：实现大规模批量生产的产业链上下游配套及完善程度（1~3 分）。

能力壁垒：技术、专利、组织等短期内超越和替代成本较高（1~3 分）。

功能性：产品在解决用户实际需求的功能性方面相较于传统方式有较明显的提升（1~3 分）。

高效率：对于用户而言替代成本较低（1~3 分）。

商品

商品价值的衡量，通常会从产品定价、市场价值、渠道动力、经济价值这四个方面入手。

商品价值的四个维度

产品定价：定义独家解释价格体系（3 分）、定义有竞争力价格体系（2 分）、定义性价比价格体系（1 分）。

市场价值：创造全新的市场（3 分）、创造增量市场（2 分）、创造性价比市场（1 分）。

渠道动力：带给渠道长期获利空间（3 分）、带给渠道可观的获利空间（2 分）、带给渠道较多获利空间（1 分）。

经济价值：长期收益模型及股东价值（3 分）、长期收益（2 分）、高增长价值（1 分）。

产品五品

用品

用品的价值,往往取决于功能价值、情绪价值、社交价值这三个方面。

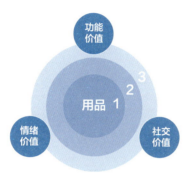

用品价值的三个维度

功能价值:使用功能满足未被满足的需求(3分)、相比过去有本质改善(2分)、相比过去有所提高(1分)。

情绪价值:给用户自我实现赋能(3分)、给用户自我愉悦赋能(2分)、给用户舒适使用体验(1分)。

社交价值:带给用户荣誉感价值(3分)、带给用户被尊重价值(2分)、带给用户交流传播价值(1分)。

废品

废品有多大的价值,要看它的生命价值长度、生命价值高度,以及废品价值转换。

废品价值的三个维度

生命价值长度：生命周期长短（1~3 分）。

生命价值高度：解决社会问题、推动社会发展（1~3 分）。

废品价值转换：废品转换成其他价值（1~3 分）。

1. 根据五个自测模型，给你的产品，分别从作品、制品、商品、用品、废品五个角度打分。

2. 你认为，你的产品打造是从作品、制品、商品、用品、废品中的哪个"品"进入的？

☐ 作品：企业视角，从创新内容出发打造产品。

☐ 制品：生产视角，从生产链条出发打造产品。

☐ 商品：销售视角，从市场营销出发打造产品。

☐ 用品：用户视角，从用户需求出发打造产品。

产品五品

☐ 废品：社会视角，从人类社会出发打造产品。

3. 你认为自己产品打造方面的难点是什么？

测试结果

根据测试结果，综合判断你的产品是属于哪种类型。如果你的产品价值量雷达图中，作品、制品、商品、用品、废品每个端口的分数都为 6~9 分，属于相对饱满型。

除了社会型企业、社会公益组织、科研机构等非营利性组织机构在打造产品的时候是从推动社会和人类发展出发的，大部分产品打造者或者企业在打造产品的时候都不会首先考虑"废品"逻辑。所以如果不看废品端口分值，作品、制品、商品、用品四个端口有两个及以上端口的分数低于 3 分，那么属于缺陷型。

介于前二者之间的，我们具体来看作品、制品、商品、用品四个端口的分值：如果作品端分数较低，制品、商品、用品端的分数都高于 6 分，属于复购型；如果制品端分数较低，作品、商品、用品端的分数都高于 6 分，属于传播型；如果商品端分数较低，作品、制品、用品端的分数都高于 6 分，属于口碑型；如果用品端分数较低，作品、制品、商品端的分数都高于 6 分，属于转化型。

六种价值量类型

通过以上小测试，可以测出自己产品的价值量类型。接下来可以根据具体的类型，做详细分析，进而做出相应的优化，来提升产品力。

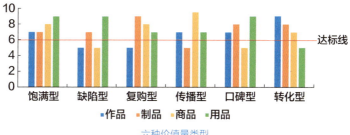

六种价值量类型

饱满型

饱满型产品是一种较为理想的类型。是指产品打造的过程中考虑较为全面，顾及作品价值、制品价值、用品价值、商品价值，甚至废品价值，无论是口碑率、转化率还是复购率，都相对较高，这样的产品本身就有很强的产品生命力，有较大的价值量，想要持续创造价值，可以采取的措施是继续均衡发展提升产品力。

缺陷型

缺陷型产品和饱满型产品相对立，是指产品在作品价值、制品价值、商品价值、用户价值四个方面，有两个及以上端口的价值量都相对缺乏。缺陷型产品虽然没有饱满型价值量或其他类型相对突出的优势，但是在缺陷端口具有一定的潜力和改良空间。如果需要提高产品力，可以先从一个缺陷端口入手，再补齐其他端口的能力，一旦找到方向，很有可能打造出一款新的爆品。

针对缺陷型产品，企业面临的压力可能会相对较大，需要从产品研发、生产、市场营销、用户挖掘等多个方向逐一突破，形成一条完整的价值链，提高产品的生命力，提升产品的价值量。

产品五品

复购型

复购型产品指的是产品兼顾了制品价值、商品价值、用品价值，但是作品价值相对较弱。例如一个普通的玻璃杯、一支塑料圆珠笔、一件白衬衫、一只简单的灯泡……这样的产品的优势是有完善且高效率的生产流程，有一定的市场价值和市场份额，经济实用，是用户常用产品，使用频次高，用户的购买意愿强，复购率更高；缺点是作品价值较弱，缺乏个性和创新性，创新转型比较困难，一旦出现创新品类，就很容易被颠覆。

针对复购型产品，企业可以重点研究创新策略，例如通过品类创新、打造 IP、联名等方式进行突破和品牌形象搭建，加强创新设计、品牌管理和品牌营销。

传播型

传播型产品指的是产品兼顾了作品价值、商品价值、用品价值，但是制品价值相对较弱。例如一个非遗工艺品、一幅画、一件高定礼服、定制旅行服务……这样的产品的优势是具有较强的作品价值和艺术价值，有较高的商业价值，具有较强的商业传播价值和流通价值，大多满足的是用户的精神需求和身份认同需求。但是它们缺乏生产化的能力，无法标准化、批量化，不能或者很难实现量产，从而也降低了该类型产品的整体价值量。

针对传播型产品，企业可以根据自己的战略规划做出产品价值量增量选择，一是继续突出已有价值量优势，在作品端继续创新、在商品端通过流通不断提升货币价值、在用品端继续创造相应需求提升产品价值量，如收藏品拍卖；二是评估是否可以实现标准化生产流程，提高产品产量，扩大价值量，如特色民宿连锁。

口碑型

口碑型产品指的是产品兼顾了作品价值、制品价值、用品价值，但是忽略了商品价值。这样的产品的优势是口碑好，具有很强的用户黏性，同时创新迭代的能力很强；缺点是在商品价值端能力较弱，可能是市场份额低、销售不出去无法实现商品化，无法带来较高的货币价值，或者成本高利润少，又很难达到规模化，因而缺乏市场竞争优势，导致市场生存空间也非常有限。

针对口碑型产品，企业应重点研究商品策略，通过提高作品端的产品研发和创新能力，制品端降低生产成本，用品端让用户了解优势，提高用户的付费率和复购率，从而提升产品价值量。

转化型

转化型产品指的是产品兼顾了作品价值、制品价值、商品价值，但是忽略了用品价值。这样的产品的优势是具有很明显的企业视角属性，是从企业内部视角来打造产品的，产品有创新性，也能量化生产，也有非常高的商业价值，产品有成为现象级爆款的潜力；缺点是缺乏从满足用户需求的外部视角来打造产品，对于用户关注得不够，会导致供需不对应，或者缺少用户黏性，很容易留下华而不实的诟病。

针对转化型产品，企业应重点研究用户策略，通过用户视角、用户场景、用户共创、用户服务、用户体验这用户五法，找到用户的真痛点、真需求，满足用户需求，解决用户问题，增强用户的信

产品五品

赖度，提高用户付费率，从而提高产品价值量。

  以上五种价值量类型，并不局限于物质产品，而是适用于所有类型产品。此外，价值量的类型，也适用于产品创造者和项目团队。五个价值类型，需要加强彼此之间的连接性，通过强有力的相互关联提高稳定性。就产品创造者和项目团队而言，对于不足的部分，产品创造者需要有意识地更新自身观念，项目团队可以通过团队能力互补的方式来补齐。

第二节
品类创新，爆品打造

在当今市场竞争日益激烈的环境下，如何打造一款爆品，成了每个企业的必修课。一款成功的爆品，不仅可以为企业带来巨额利润，还可以让企业在行业中获得领先地位，甚至改变整个行业的发展趋势。那么，作为一名合格的产品打造者要思考哪些方面的问题呢？

首先，需要深入了解用户需求。产品的成功与否，最终取决于用户是否接受与认可。因此，了解用户需求是打造爆品的第一步。企业需要从多个维度了解用户需求，包括但不限于用户的年龄、性别、地域、职业、兴趣爱好等方面。企业可以通过多种方式来了解用户需求，例如线上问卷、用户调研等。此外，企业还可以通过社交媒体、讨论区等渠道获得用户的反馈意见，进一步深入了解用户需求，并针对用户反馈做出相应的调整和优化。

其次，创新产品设计。在了解用户需求的基础上，企业需要进行创新的产品设计。产品设计需要从多个维度考虑，包括但不限于产品的功能、外观设计、使用体验等方面。产品的功能需要满足用户的需求，外观设计需要符合用户审美，使用体验需要简单易懂。此外，随着科技的不断发展，企业需要关注新技术的应用，将科技与产品融合，为用户提供更好的使用体验。

再次，精准营销策略。在产品设计完成后，企业需要有精准的营销策略。企业可以通过多种渠道进行营销，例如线上广告、社交媒体宣传等。但是，企业需要根据用户群体的特征和喜好，选择相应的营销渠道和方式。例如，针对年轻人的产品可以在抖音、快手等平台进行推广，而针对中老年人的产品则可以在电视、报纸等传统媒体上进行宣传。

最后，持续优化升级。成功的产品不是一蹴而就的，需要持续不断地进行优化和升级。企业需要通过用户反馈和市场变化，了解用户需求的变化和行业趋势的变化，及时调整和升级产品。此外，企业还需要关注竞争对手的动态，及时调整对策和优化产品，保持产品的竞争优势。

总之，不管是创业公司还是世界500强，爆品策略始终都是一个绕不过去的话题。想必每个人都或多或少地听过一些关于爆品打造的方法论，那究竟怎样才算得上真爆品呢？

我认为，爆品的核心不是产品爆品，而是品类爆品。

关于爆品的打造，我和我的团队打造出了一个杠杆模型。在这个模型中，新用户是支点。产品有四大驱动力，即技术驱动力、场景驱动力、体验驱动力、认知驱动力。

7 产品价值模型

古希腊哲学家阿基米德说："给我一个支点，我就能撬起整个地球。"由此可见杠杆原理的威力之大。在爆品打造的过程中，利用杠杆模型，充分发挥产品四大驱动力，撬动爆品市场，以达到事半功倍的效果。

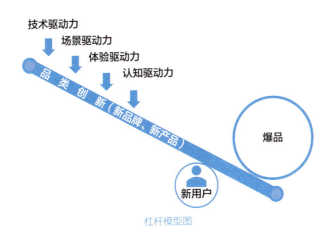

杠杆模型图

产品四大驱动力

大多数人虽然都能意识到各类产品在不断创新迭代，但并不了解产品创新的底层驱动力。具体来说，产品的创新往往会受到四种不同类型驱动力的影响。

技术驱动力

产品技术驱动力是指企业通过技术手段推动产品创新和改进的能力。它包括技术创新、产品开发、工艺改进等多个方面，是产品占领品类市场主动权和实现可持续发展的重要支撑。

典型依靠技术驱动的产品有很多，比如智能手机就是一种比较

产品五品

常见的技术驱动类产品。新技术的诞生往往伴随着旧技术的消失，某天能够彻底击败三星、小米等智能手机品牌的新产品一定是依靠新技术突破铸就的新型智能器械。

再比如，随着技术对运输效率的不断优化以及人们对于新型物流方式需求的增加，全球无人货运飞机产业正式进入发展快车道，国内外众多知名物流企业也在积极开展无人货运试点工作。同时，国家出台多项支持航空货运和无人机产业发展的政策，加快无人货运机的适航和产业化进程。"白鲸航线"正是在此背景下诞生的技术驱动类产品。

"白鲸航线"专注于大型无人货运飞机的研发和制造，致力于为未来的支线航空货运提供最佳解决方案，目前研制的W5000是当前全球最大、最高效的无人货运飞机。W5000最大商载5吨，最远航程2600公里，是一款面向货运物流市场的固定翼无人飞机。在设计理念方面，W5000取消飞行员及其相关的8大系统，采用全程自主驾驶、地面监控模式，高度智能化兼容空管系统，机组人员成本仅为同级别有人飞机的1/10。

区别于传统的枢纽航空货运模式，"白鲸航线"通过高效直航模式重构航空物流网络，实现更低成本、更高时效和更密集的网络覆盖。在飞机形态方面，"白鲸航线"从总体气动设计、飞控系统架构设计到全飞行阶段智能驾驶设计等方面进行了集成创新，致力于打造无人货运飞机的最终形态。

场景驱动力

场景驱动力的核心是理解人的行为逻辑。人的需求是在场景中触发的,在特定的时间、地点,遇到特定的情景就会触发人们的行为与需求。

用户在不同场景中将产生不同的行为决策,因此没有场景就无法谈用户。

用户需求决策来自场景,因此你会发现同一类人遭遇不同的生活场景时,行为决策差异非常大。一位 30 岁左右的 90 后女生一直很爱吃巧克力,每天上班下午茶时间都给自己来一块充饥解馋,这就是场景偏好。而当她最近因为开始和男友筹备婚礼而想减肥,所以她每天的下午茶就换成了一块即食燕麦以控制卡路里。由此可见,用户既有可能买巧克力,也有可能买即食燕麦,而行为决策发生在用户生活场景当中。

场景可以影响人的消费行为。一个好的场景可以打造沉浸式的代入感,将产品或品牌价值具象化、体验化,与用户产生交流互动,从而影响消费者的购买决策。

比如,中国新消费群体以单身为主,一人食成为年轻人饮食的主要场景。隔水炖一直以来是区域市场品类,南方用户往往用来煲汤喝,因为南方人有喝汤的习惯。但是天际电器的产品线一直以来没有根据一人食、传统家庭、新家庭等不同用户结构的饮食需求做产品创新。洛可可通过数据分析发现隔水炖的使用场景不同于家庭使用场景,它更高频的使用场景是炖甜汤,煮银耳、燕窝等甜品,并非一日三餐的场景。围绕一人食,设计出精致主义生活的甜品场景产品,才能让一人食甜汤有幸福感。

产品五品

又比如，传统的电熨斗或者挂烫机都是连接电源线使用，对产品的使用造成一定的限制，所以我们根据商务人士和精致女性的使用场景，设计出便携式电熨斗。在产品内部置入锂电池，使其摆脱了电源线的束缚。同时，我们又将充电宝的功能融入产品当中，更加充分地利用了锂电池的功能，同时也体现了极致便携的品牌理念。

天际一人食电炖盅

便携式电熨斗

7 产品价值模型

体验驱动力

产品的体验驱动力是指产品带给用户的体验感受,以及这种感受如何驱动用户进行后续行为。一个好的产品不仅需要满足用户的基本需求,还需要提供良好的用户体验,让用户在使用过程中感到满意和愉悦。产品的体验驱动力主要体现在易用性、交互设计、外观设计、功能丰富度、稳定性、情感体验等。

以索尼为例,其第一款爆品随身听,解决的就是用户体验的问题。用户不满足于固定在一个地方听音乐,而是希望随时随地都可以听音乐。索尼的工程师发现这个需求,并将传统的录音机不断轻量化,做到可以随身携带,开创了随身听这个全新品类。

认知驱动力

产品的认知驱动力是指驱动和影响消费者购买决策的认知优势,包括品牌历史、产品质量、特性、功能、声誉、品牌符号、价格、人群、场景、服务、位置甚至竞争对手等诸多方面。凡是能够驱动和影响消费者购买决策的认知优势,都可以称为产品的认知驱动力。

例如佐餐酒的市场在中国处于非常初期的阶段,在国际市场上也不占优势。而梅见的青梅酒度数偏低、清爽酸甜可以解辣解腻,打破了下酒菜配酒的传统,而是以酒配餐,且中餐和西餐都合适,符合消费趋势,满足年轻人追求健康和高品质的需求。基于这一洞察,梅见上市第一步,就是展开"梅酒"认知教育,让更多消费者熟悉并接受这种"新"果酒，培养新的饮用习惯。

生活方式方面，需要时间来酿造的青梅酒，背后有一种慢下来的心态。2017年，李子柒自制青梅酒的视频，也让青梅酒在大众脑海与田园生活挂钩，所以，围绕"亲近自然""悠然自得"等关键词，梅见冠名了户外民谣纪实谈话节目《新四季歌》，让民谣音乐人一边聊音乐、理想与人生，一边举梅见对饮。此外还打造了"梅见森林酒馆"IP，在青梅森林里造一个露天酒馆，邀人们在这个世外桃源里体验生活的雅致，把酒言欢。

文化理念方面，梅见借力了近年吹得很猛的国风。比如植入河南卫视的《2022中秋奇妙游》，一举把"好久没见"的情感属性与文化属性都讲给观众，与开展"百人汉服实景大秀"、聚集国风爱好者的百里杜鹃景区合作，接近目标消费者……用当下年轻人喜欢、又不硬跟风的沟通方式，梅见打开了品类的认知，成为消费者心中的"梅酒首选"。

再例如，全球首款具有工作站属性的乐谱台"慢阶演奏家一号"，相较于传统的谱台，它最大限度地提升了谱台的拓展性，搭配专门为其设计的演奏配件模组，如节拍器、乐谱灯、延展板、收纳盒，创造性地将乐谱架、节拍器和谱架灯等演奏必要配件纳入产品整体设计。

用户可以自由组合适合自己的专属谱台来适配不同的演奏场景，金属支架和无极伸缩调节保证了谱台的稳定性和安全性，同时可折叠的设计使它在运输和存放时大大减少了占地空间。致力于为演奏者打造干净、简约、舒适的演奏环境，避免了不同风格的产品同时堆积在谱面的杂乱现象。重新定义音乐产品美学，在有限的空间里为音乐演奏带来更多的可能。

演奏家一号音乐设备案例图

产品五品

产品的五品,实际上代表着企业的五种心理和五类能力:作品体现的是设计者的初心,强调企业的创新力;制品体现的是企业的匠心,需要产研部门拿出足够强的匠心力;商品集中展现的是企业的良心,也是企业的竞争力所在;用品则充满了企业对用户的爱心,是体验力的主要来源;废品展示的是企业的慈悲心,心怀慈悲的人,往往能够为一些看似没有价值的东西找到合适的归处,延伸其生命力。

作为产品的设计者、生产者,我们需要清晰地知道自己的产品目前处在生命周期的哪个阶段,然后才能明确从五品的哪个角度入手,去提升产品的价值。"五品""五心""五力"叠加到一起,我们的产品无论在生命周期的哪个阶段,都能得到市场和消费者的认可,成就爆品迭出的目标。

后记

自从我设计的 55 度杯销售额达到 5 亿元，就经常有人问我：如何打造爆品去撬动亿级市场？

我想说，你需要打造有价值观的产品。

这是一本介绍产品价值观的书籍。在产品生命周期的基础上，我提出了一个产品生命力模型。一个产品从作品到制品、到商品、到用品，最终变成废品，在这个过程中每一环都有内部逻辑。作品是一个需要创造力赋能的过程，作品又需要产业化赋能才能成为制品，制品又需要商业化赋能才能成为商品，当然商品需要用户化赋能才能成为一款好用品，产品还需要考虑社会担当才能成为一款对人类发展无害甚至有推动作用的废品。在产品生命周期过程中，一环套一环，一款产品只有拥有产品五品，才能有机会成为爆品，才有可能撬动亿级市场。

产品五品

通过本书,我希望给读者传递产品的五个价值观、产品的五个维度、产品的五个评判标准、产品创造者的五个切入点。

作品,是产品创造者、设计师的视角。一个产品是否能称得上是一个好作品,可以用创新价值来评判。而坚持价值创新,只有坚守创作的初心并投入情感。

制品,是生产商、厂商的视角。一个产品好不好生产,可以用产业价值来评判。创造产业价值,需要理性和匠心。

商品,是商人的视角。一个产品好不好卖,可以用商业价值来评判。打造广泛的流通性,需要考虑商业价值的丰富性和效率性。

用品,是站在用户的视角。一个产品好不好用,可以用是否满足用户需求来评判。打造兼具物质功能价值和精神情绪价值的产品,需要思考用户需求的广义性和实效性。

废品,是作为人类社会成员的视角。一个产品是否对社会有推动作用,可以用整个人类社会价值来评判。打造满足人类社会价值的产品,需要思考人类发展的趋势和可能性。

通过《产品三观》,我让大家知道了产品打造满足用户需求的重要性。通过本书,我让大家学会如何让自己的产品拥有更厚重的价值量和更长久的价值链。产品(广义的产品)是一切商业开始的基础,也是商业从 0 到 1 的"1"。而作为产品打造者要打造出来一款爆品,需要拥有产品人的核心素养——产品两心,打造出来的产品才可能是拥有用户观、价值观和世界观的好产品。当然从好产品到好爆品,还需要通过产品四力,用商业美学驱动未来产品,还需要通过产品六法，多维度思考产品以及品类创新的突破点。

只有经过以上产品打造的锤炼，才能让"每款产品都成为爆品"。以上关于产品打造的内容我会在本系列之后的书籍中一一呈现给各位读者，欢迎大家持续关注我的"每款产品都成为爆品"系列书籍。

2024 年 11 月于北京